América:
conformación colonialista

Visión íntegra de América

América: conformación colonialista
Alberto Prieto

Los pueblos originarios de América, desde sus primeras migraciones hasta la llegada del conquistador europeo; el brote de los sentimientos nacionales, preludio de las luchas por la liberación económica y la independencia política, asisten a este intenso recorrido por la historia primera del llamado «Nuevo Mundo».

De la independencia anticolonial a la dominación imperialista
Alberto Prieto

Ciclo de luchas libertarias y anticoloniales con la independencia de las Trece Colonias de Norteamérica, seguida por la de Haití y, ya entrado el siglo XIX, por las guerras independentistas de Sur y Centroamérica, marcadas por el esfuerzo integrador de Simón Bolívar y Francisco Morazán.

De Fidel Castro a la integración latinoamericana
Alberto Prieto

Del mismo modo en que la Revolución Cubana bebió de una larga tradición de lucha del continente, su impacto marcó un antes y un después en la historia de América. Por un lado, el imperialismo recrudeció su posición en la Guerra Fría y, por otro, la insurgencia revolucionaria cobró una fuerza inédita como expresión de lucha popular.

ALBERTO PRIETO ROZOS. Profesor e historiador cubano, doctor en Ciencias y en Ciencias Históricas, presidente de las Cátedras Benito Juárez y Manuel Galich de la Universidad de La Habana y miembro de número de la Academia de la Historia de la República de Cuba. Ha brindado cursos en universidades de Alemania, Estados Unidos, Francia, México y Nicaragua. Entre sus obras merecen destacarse *Las civilizaciones precolombinas y sus conquistas, Apuntes para la historia económica de América Latina, Bolívar y la revolución en su época, Las guerrillas contemporáneas en América Latina* y *Procesos revolucionarios en América Latina*.

América:
conformación colonialista

Visión íntegra de América

Tomo I

Alberto Prieto

una editorial latinoamericana

ISBN: 978-1-921700-23-1
Library of Congress Control Number: 2012932580

Primera edición 2013
Impreso por Asia Pacific Offset Ltd., China

PUBLICADO POR OCEAN SUR
OCEAN SUR ES UN PROYECTO DE OCEAN PRESS

EE.UU.:   E-mail: info@oceansur.com
Cuba: E-mail: lahabana@oceansur.com
El Salvador: E-mail: elsalvador@oceansur.com
Venezuela: E-mail: venezuela@oceansur.com

DISTRIBUIDORES DE OCEAN SUR
Argentina: Distal Libros • Tel: (54-11) 5235-1555 • E-mail: info@distalnet.com
Australia: Ocean Press • E-mail: info@oceanbooks.com.au
Bolivia: Ocean Sur Bolivia • E-mail: bolivia@oceansur.com
Canadá: Publisher Group Canada • Tel: 1-800-663-5714 • E-mail: customerservice@raincoast.com
Chile: Faundes y Fernández Limitada (El Retorno a Itaca Ltda) • http://www.imagoweb.cl/retornoaitaca/
          • E-mail: el_retorno_a_itaca@imagoweb.cl
Colombia: Ediciones Izquierda Viva • Tel/Fax: 2855586 • E-mail: edicionesizquierdavivacol@gmail.com
Cuba: Ocean Sur • E-mail: lahabana@oceansur.com
EE.UU.: CBSD • Tel: 1-800-283-3572 • www.cbsd.com
El Salvador y Guatemala: Editorial Morazán • E-mail: editorialmorazan@hotmail.com • Tel: 2235-7897
España: Traficantes de Sueños • E-mail: distribuidora@traficantes.net
Gran Bretaña y Europa: Turnaround Publisher Services • E-mail: orders@turnaround-uk.com
México: Ocean Sur • Tel: 52 (55) 5421 4165 • E-mail: mexico@oceansur.com
Puerto Rico: Libros El Navegante • Tel: 7873427468 • E-mail: libnavegante@yahoo.com
Uruguay: Orbe Libros • E-mail: orbelibr@adinet.com.uy
Venezuela: Ocean Sur Venezuela • E-mail: venezuela@oceansur.com

www.oceansur.com
www.oceanbooks.com.au
www.facebook.com/OceanSur

Índice

Introducción   1

CAPÍTULO 1. AMÉRICA ORIGINARIA

1. Corrientes inmigratorias iniciales   5
     Paleolíticos y mesolíticos   5
     Caribes, arahuacos y tupí-guaraníes   8

2. Sociedades clasistas aborígenes   12
     Cacicazgos chibchas   12
     Ciudades-Estado mayas   18
     Liga de Mayapán   22
     Teotihuacán, Culhuacán, Azcapotzalco, Texcoco   26
     Confederación Azteca en Tenochtitlán   29
     Civilización Mochica, Estado Chimú, Tiahuanaco   35
     Cuzco, Quito e Imperio Quechua de los Incas   38

3. Conquista europea de América   49
     Expediciones marítimas portuguesas   49
     Unión de Castilla y Aragón: los Reyes Católicos   51
     Capitulaciones de Santa Fe y viajes de Colón   54
     Colonización de La Española   55
     Tratado de Tordesillas   58
     Dominio lusitano de Brasil   63
     Conquista de México por Cortés   66
     Conquista de la civilización maya   70

Carlos I de España y V de Alemania 74
Conquista de Venezuela y Nueva Granada:
    alemanes e hispanos 75
Conquista de Panamá y Centroamérica 79
Conquista del Imperio de los incas:
    conflictos entre Pizarro y Almagro 82

CAPÍTULO 2. AMÉRICA LATINA COLONIZADA

1. Feudalismo colonialista e implantación del absolutismo 93
    Cabildos, audiencias, gobernaciones y virreinatos 93
    Mercedes de tierras 96
    La Iglesia católica 96
    Encomiendas de indios 99
    Rebeliones contra el absolutismo
        y Leyes Nuevas de 1542 103
    Mita y coatequil coloniales 110

2. Plantaciones criollas *versus* palenques y quilombos 116
    La trata de esclavos africanos 116
    El contrabando: piratas y corsarios 119
    Brasil en el siglo XVI 124
    Los holandeses en Pernambuco 127
    Reino de Ganga Zumba en Palmares 134

3. Colonialismo inglés y francés en el Caribe 139
    Reinado de Tudores y Estuardos 139
    La Revolución de Cromwell 141
    Barbados, Jamaica y la Mosquitia 144
    Gobiernos de Richelieu y Colbert 148
    Martinica, Guadalupe y Haití 151

CAPÍTULO 3. CRISIS DEL COLONIALISMO EN AMÉRICA

1. Reformas metropolitanas al sistema colonial 155
   La Guerra de Sucesión Española 155
   Heterogeneidad en el Río de La Plata 156
   Las reformas borbónicas 160
   Obrajes y artesanías 164

2. Conspiraciones, motines, alzamientos y rebeliones 167
   Los chacreros de Paraguay 167
   Los vegueros en Cuba 175
   Túpac Amaru y Túpac Katari 178
   Los comuneros del Socorro 183
   Espejo y Nariño en Nueva Granada 188
   O Bequimao, Felipe dos Santos,
      Bernardo Vieira, Tiradentes 189

3. Pugnas coloniales y conflictos en Norteamérica 199
   Virginia y Nueva Inglaterra
      versus Québec y la Louisiana 199
   La Guerra de los Siete Años y sus consecuencias 205
   Independencia de Estados Unidos 209

Notas 213

Índice onomástico 219

Introducción

La historia representa una interpretación de lo pretérito, lo cual es vital para las personas porque responde a la necesidad humana de comprender conceptualmente el presente a partir de una explicación racional de lo sucedido en el pasado. La historia enseña la evolución socioeconómica y política de un territorio, y está condicionada por la lógica de una concepción del mundo o ideología; también explica los rasgos psicológicos de las poblaciones, que se manifiestan en una cultura, la cual constituye la máxima expresión de la identidad. Esta se evidencia en características distintas y específicas de pensamiento y conducta mediante la forma de vida de una comunidad. Como se sabe, la cultura se engendra y enriquece con las tradiciones, que recuerdan aquello que en su momento se debía hacer; y si hecho está, dicen quién lo hizo. Ellas dejan saber lo deseable de un cambio, y siempre lo preceden como anticipo del hecho mismo. Por eso el conocimiento de la historia permite comprender la idiosincrasia de una sociedad.

Con ese propósito se ha escrito este libro, que ofrece una interpretación materialista, coherente y continua de la evolución de América hasta la actualidad: desde sus orígenes, cuando los seres humanos se introdujeron en el continente mediante sucesivas oleadas inmigratorias que tuvieron lugar durante cientos de siglos.

Capítulo 1

América originaria

1. Corrientes inmigratorias iniciales

Paleolíticos y mesolíticos

El primer desplazamiento inmigratorio tuvo lugar en una época remota, cuando el estrecho de Behring era tierra firme a causa de la gran congelación existente. A través de esa provisional franja cruzaron primitivos individuos que iban en busca de sitios de subsistencia desconocidos. Después, durante miles de años, se esparcieron por todo el hemisferio en sus constantes correrías sin rumbo. Se encontraban en la baja edad de piedra y eran ignorantes por completo.

Muchas decenas de centurias más tarde, nuevos inmigrantes llegaron a América en frágiles embarcaciones, navegando de una a otra isla del archipiélago de las Aleutinas. Dichos seres humanos estaban ya en la media edad de piedra, y con un conocimiento superior expulsaron a sus predecesores de los lugares que les interesaba controlar.

Luego, a su vez, alguna generación de los descendientes de la segunda oleada fue desplazada o absorbida por una tercera corriente inmigratoria a través del Pacífico. Los recién llegados habían alcanzado ya un estadio equivalente a la alta edad de piedra, y en poco tiempo se escindieron en clases sociales e hicieron surgir el Estado. Por ello, los aborígenes americanos de mayor desarrollo socioeconómico —mayas, aztecas, quechuas— quedaron en los territorios del oeste, mientras que los más primitivos, en los del este.

En contraste con la estrecha faja de montañas y altiplanos andinos, se encuentra el área de extensas cuencas que desaguan en el Atlántico. En ella, al tiempo de la llegada de los europeos, vivían hombres que solo utilizaban toscos instrumentos de madera, piedra, hueso, con los cuales sacaban de la tierra raíces comestibles, tubérculos; arrancaban frutos, vegetales. La simple recogida de alimentos les ocupaba la mayor parte del tiempo, y sus rudimentarias armas les permitían practicar la caza menor, como la del ñandú, que llevaban a cabo con bolas de piedras lanzadas con hondas.

Aquellas hordas estaban constituidas por un número muy reducido de personas —menos de un centenar—, cuyo vínculo fundamental era la actividad laboral en colectivo. No tenían un claro sentido de la orientación —eran errantes—, y en sus continuos desplazamientos, la marcha se realizaba al ritmo del más anciano o impedido de ellos. Los alimentos que necesitaban eran obtenidos con dificultad, pues la masa humana en su lento andar ahuyentaba los animales y agotaba pronto los frutos o tubérculos. En esas condiciones solo podían subsistir los grupos más pequeños, que al ver amenazado el equilibrio entre el consumo y la provisión disponible de alimentos, se subdividían en bandas aún menores.

La ulterior falta de contacto entre los que una vez habían integrado el mismo conglomerado provocaba, luego de años de dispersión, profundas diferencias dialectales.

Dichos seres pernoctaban en cuevas, andaban casi desnudos y adornaban sus cuerpos con pinturas. Las relaciones sexuales entre hombres y mujeres se llevaban a cabo sin prohibición alguna.

Cuando se produjo la Conquista, en una de las regiones donde más perduraban esas hordas inmersas en la baja edad de piedra —paleolítico— era en la rioplatense: al nordeste estaban los cainang; a ambas márgenes del río Uruguay y hasta el Paraná, los charrúas; en la actual zona de la provincia de Buenos Aires, los pampas; un poco más al sur y hacia el río Negro, los puelches; y, de dicha corriente al Limay, los tehuelches.

En las Antillas, los guanahatabeyes, del extremo occidental de Cuba, quizás fuesen los últimos representantes americanos de ese atrasado estadio de la humanidad.

En otras comarcas, distintos grupos realizaban también frecuentes migraciones, pero tenían ya un preciso sentido de la orientación: eran nómadas mesolíticos. En sus desplazamientos con frecuencia empleaban canoas y utilizaban objetos diversos; los cuales implicaban un mayor adelanto técnico, pues el uso del arco, la cuerda y la flecha formaban ya un conjunto muy complejo, cuya invención plasmaba la suma de largas experiencias, que reflejaban facultades mentales más desarrolladas y conocimientos simultáneos de otros muchos avances. Tal aporte constituía un enorme progreso en el desarrollo de las fuerzas productivas, pues permitía cazar animales de importancia.

Los instrumentos diferenciados y con cierto grado de especialización habían conducido a los cazadores de la media edad de piedra a la división natural del trabajo, según el sexo y la edad. A la vez, las personas se vinculaban teniendo en cuenta los lazos consanguíneos. Por eso los miembros de un clan o gens, que llegaban a contar algunos cientos de individuos, no podían establecer relaciones sexuales entre sí, ya que se consideraban hermanos. Entonces, hombres y mujeres las establecían con forasteros, de ahí que la filiación se determinara solo por línea materna.

En el momento de la Conquista, los habitantes del archipiélago magallánico y la Tierra del Fuego —chocos, onas, yamanas, alcalufes— eran representantes del mesolítico.

A pesar de las diferencias existentes entre los aglutinados en hordas y en clanes, ambas formas de comunidad humana tenían rasgos similares. Sus integrantes eran escasos, y los grupos no tenían una gran cohesión, pues se escindían con facilidad; las colectividades, muy aisladas y sin vínculos duraderos o regulares entre sí, se movían casi constantemente. Esto les impedía contar con un territorio estable en el cual se pudieran desarrollar, de una generación a otra, hábitos de vida en común.

Caribes, arahuacos y tupí-guaraníes

En la parte septentrional y central de la Sudamérica atlántica, los tres troncos étnicos más importantes —caribes, arahuacos y tupís— representaban bien al conglomerado neolítico, o de la alta edad de piedra de la región.

A pesar de que se encontraban en la misma etapa histórico-cultural, entre esos grupos existían notables desigualdades de desarrollo. Los caribes, por ejemplo, habitantes de los contornos del mar de las Antillas, no se limitaban ya a recoger frutos o cazar animales, pues habían empezado a remover el suelo con palos para depositar sus escasas semillas en los huecos, tapados enseguida con los pies. Aunque rudimentaria, esta práctica indicaba el comienzo de un proceso de sedentarización, pues debían esperar por la germinación para recoger las cosechas de maíz, hayo y yuca. De esta manera, el precario equilibrio que existía entre la población y los alimentos requeridos para subsistir se volvió más estable. Los caribes moraban en casas circulares de techo cónico, y casi siempre una sola servía para todo el grupo. En la gran habitación, los miembros del clan tenían puesto fijo, mientras que el centro se reservaba como espacio disponible para huéspedes y actividades de importancia. La vivienda colectiva constituía la base económica de la comunidad, y en ella todos los enseres e instrumentos, como las vasijas de cerámica, eran de propiedad colectiva.

En la época de la Conquista, los caribes dejaron atrás la costumbre de dormir en el suelo, ya que para descansar empleaban hamacas, confeccionadas con fibras vegetales, al igual que la ropa.

Osados navegantes, surcaban mares o ríos con piraguas y balsas, capaces de llevar hasta cincuenta personas.

El importante conglomerado étnico formado por los arahuacos, cubría el amplio territorio comprendido desde el límite meridional de la rioplatense región del Chaco hasta las grandes Antillas. Ellos, con avanzados instrumentos como la azada, obtenían de la agricultura sus principales medios de subsistencia. De ahí que las mujeres, que eran quienes trabajaban la tierra, tuvieran funciones decisivas en la vida económica y social. Los hombres, por su parte, se dedicaban a cazar, pescar y a las demás actividades específicas de cada área. Sus bohíos y artículos domésticos no diferían casi nada de los poseídos por los caribes, pero su cultura era superior a la de estos, pues sabían contar hasta diez.

Aunque la importante rama étnica tupí-guaraní se hallaba muy dispersa por Sudamérica, en ninguna parte alcanzó el grado de desarrollo que tuvo en los actuales territorios paraguayos y regiones aledañas de Brasil y Argentina. En esas zonas, sus principales puntos de asentamiento fueron las cuencas de los ríos Grande del Sur, Tebicuary, Paraná, Paraguay y Uruguay, corrientes fluviales que recorrían en canoas y en cuyas márgenes sembraban maíz, algodón, mandioca, tabaco y yerba mate. Dicha tierra se cultivaba en común mediante el trabajo simultáneo o cooperación simple de cada clan, llamado por ellos oga, en labores que empezaban a realizar de forma preponderante los hombres, quienes iniciaban una evolución hacia métodos intensivos en la agricultura. Este importantísimo proceso facilitó la frecuente obtención de un producto adicional sobre el mínimo vital necesario. Gracias a la aparición de esos escasos excedentes fue posible retribuir a los miembros más destacados de la comunidad, por su participación en el proceso laboral, con una mayor cantidad de alimentos, para estimular así una creciente intensidad en la actividad productiva.

Los guaraníes habitaban en grandes casas comunes, de madera, conformadas por habitaciones separadas para cada grupo matrimonial. Varias casas dispuestas en determinado orden formaban un villorrio, denominado tava, construido alrededor de plazas cuadradas, donde tenían lugar las reuniones sociales y religiosas. Dichas aldeas revelaban que los guaraníes estaban ya estructurados en tribus, es decir, grupos consanguíneos aglutinadores de varios clanes o gens que podían englobar a varios miles de personas, lo cual hizo evidente la necesidad de contar con individuos dedicados a su dirección económica, religiosa y militar. Por ello, habían surgido las asambleas o mandayes, formadas por delegados de cada oga, en las cuales se discutían y resolvían los asuntos importantes: se señalaban las extensiones de los diferentes cultivos; se regulaba la distribución del trabajo entre las diversas ramas productivas; se elegían y destituían a los caciques o mburuvichás, encargados de dirigir las labores que acordaran realizar. Estos jefes trataban de fortalecer y perpetuar sus funciones, pero encontraban un lógico rechazo de una sociedad no preparada aún para tal nivel de organización y carente de suficientes y estables excedentes. A su vez, la poca permanencia de los mismos individuos en las tareas de dirección dificultaba el surgimiento de la capacidad técnico-organizativa que propiciara la división social del trabajo, lo cual representaba el único elemento capaz de permitir la realización de obras de envergadura, como canales y diques, imprescindibles para lograr importantes incrementos en la producción y en la productividad. Entonces, todavía los miembros de las comunidades iban de un tipo de ocupación a otro —fabricación de cerámica, tejidos, alfarería, agricultura, producción de hidromiel o chicha de maíz—, según las necesidades de la colectividad en cada momento. Y cuando tuvo lugar la Conquista, todos los guaraníes acataban aún la voluntad de las asambleas, pues nadie podía actuar por cuenta propia o por encima de la tribu. La diferenciación social recién surgida entre directores y dirigidos no había podido todavía trocarse en capas diferenciadas de trabajadores, sacerdotes, guerreros. Por eso, los integrantes de esta comunidad primitiva apenas medraban en la lucha contra la naturaleza y sus peligros; vivían completamente abrumados por las dificultades de su azarosa existencia, subsistían solo mediante la pertenencia a una comunidad étnica.

2. Sociedades clasistas aborígenes

En la evolución de las sociedades aborígenes americanas, un esca-
lón superior significaba una mayor organización y desarrollo del
trabajo, así como un aumento de las cantidades de productos
y riquezas disponibles, a la vez que una menor influencia de los
lazos de parentesco sobre el régimen social. Este fue el caso de las
sociedades andinas, muchas de las cuales ya habían alcanzado la
edad de los metales.

Cacicazgos chibchas

En el Altiplano de Bogotá se hallaban los chibchas, quienes trabajaban el oro como elemento religioso-ornamental —muy blando para
ser utilizado en la producción—, y cultivaban calabaza, patata, frijol, tomate, coca, tabaco, guayaba, maíz. Esta última planta representaba la base de su alimentación, pues podía guardarse largo
tiempo sin sufrir alteración alguna. Entre ellos, los caciques habían
incrementado la productividad al lograr diferenciar los oficios
manuales de las labores agrícolas, trascendental paso de avance
en la división social del trabajo, que contribuyó a la obtención
sistemática de excedentes. Con estos recursos era posible dedicar
grandes contingentes humanos a la construcción de canales y rega-
díos o terrazas, gracias a los cuales después se podían cultivar las
laderas de las montañas. Dichos trabajos solo podían ser realiza-
dos mediante enormes esfuerzos colectivos, debido a los cuales la
sociedad logró producir lo suficiente para cubrir las necesidades
más elementales de todos.

Al superar las cosechas de forma estable los tradicionales niveles de subsistencia, los caciques empezaron a utilizar sus prestigiosas funciones en beneficio propio, pues de manera paulatina pasaron a apropiarse del producto acumulado. Cesó de esa manera la distribución igualitaria en el seno de la tribu. Incluso, en muchas zonas, los campesinos empezaron a trabajar tierras cuyo producto se destinaba a los caciques. Además, entre los chibchas proliferó el arte de tejer —con husos y agujas de hueso— en telares llamados guayty, y también abundó la minería de los yacimientos auríferos o de sal, así como la orfebrería de oro, la alfarería y las demás ocupaciones especializadas, lo cual dio variedad y perfección crecientes a sus producciones. Con ello desapareció la posibilidad de que un mismo individuo se ejercitase, adecuadamente, en labores tan disímiles. No obstante dicho desarrollo de las fuerzas productivas, los caciques chibchas en lo fundamental tuvieron que mantener el cultivo de la tierra en común, dada la total ausencia en la América de entonces de animales de tiro. Solo en Ubaqué y Chacontá surgieron pequeñas parcelas asignadas para el cultivo y consumo individual, distribuidas de manera periódica y rotativa, pues hasta allí subsistió la propiedad social. En esos casos la familia comenzó a convertirse en la unidad económica de la sociedad, a la par que se producía el tránsito al matrimonio monogámico.

Los caciques ya forzaban a los campesinos a entregarles a cambio de nada su trabajo adicional, que podía ser destinado a cultivar la tierra para provecho de los individuos situados más arriba en la escala social, o dedicado a las grandes labores comunes. De esta manera, aunque jurídicamente libre, pues no era esclavo personal de nadie, el comunero carecía de libertad individual: estaba encadenado a la tierra y no podía abandonar su colectividad al padecer una sumamente poderosa coacción extraeconómica, física y religiosa. En realidad, dicho sometimiento era una manifestación de la *esclavitud general* sufrida por toda la expoliada comunidad.

Mientras el trabajo físico absorbía casi todo el tiempo de la inmensa mayoría de los miembros de la colectividad, entre los chibchas se formaba un incipiente sector eximido de labores directamente productivas, a cuyo cargo corrían los negocios públicos y la dirección de diversas actividades como la justicia, las ciencias y las artes. Así, la creciente división social del trabajo provocaba la escisión de la sociedad en clases y descomponía la comunidad primitiva, por lo cual resultaba cada vez más necesario que un poder mantuviese dentro de ciertos límites la lucha social. Dichos primitivos órganos estatales, dominados por los caciques, tenían como primer objetivo mantener la cohesión de los grupos y asegurar la lealtad de los súbditos, único elemento capaz de garantizar la producción del excedente económico, para satisfacer las necesidades de la naciente clase explotadora. A la vez, dentro de esta, empezaron a constituirse dos castas: la religiosa y la militar. Los sacerdotes, regidos ya por una selección hereditaria, recibían una educación esmeradísima en instituciones o seminarios denominados cuca, gracias a lo cual monopolizaban la cultura, aplicada en funciones de coacción ideológica. En cambio, y quizás debido a las sangrías ocasionadas por los constantes conflictos bélicos, a la oficialidad o casta guerrera se podía ingresar por méritos alcanzados en los campos de batalla.

Al mismo tiempo, mientras más avanzaba el proceso de desintegración de la sociedad arcaica, mayor era la atracción de los caciques hacia las riquezas de las comunidades vecinas, pues al resultar imposible incrementar la expoliación de los campesinos propios, dichos rudimentarios explotadores se esforzaban por desplazar a los jefes de los poblados colindantes, con el fin de apropiarse del plustrabajo en ellos producido. El vencedor se convertía así en gobernante de un importante cacicazgo —en el Altiplano había unos cuarenta—, que controlaba varias aldeas. En el interior de cada uno, existían diversos clanes, cuyos miembros cultivaban la tierra en común y entregaban el plusproducto al gran cacique. Después, gradualmente, las sedes de esos poderosos gobernantes se convertían en centros urbanos conformados por un templo —la mansión del cacique— así como chozas de cañas y barro o ramajes. De esa manera, el proceso de diferenciación clasista se reflejaba en las moradas, pues al lado de las tradicionales edificaciones que agrupaban a todo un clan, se construían novedosas casas unifamiliares. Y, a su vez, entre estas había desigualdades, pues las pertenecientes a los miembros más destacados de la colectividad cubrían el suelo con esteras de espartillo, un elemento utilizado en la fabricación de cestas. A veces, al igual que el cacique, esas familias cercaban sus mansiones con gruesas estacas. Así, en las nacientes ciudades la riqueza se acrecentaba con rapidez bajo forma individual.

A medida que la guerra se convirtió en práctica permanente para incorporar nuevos territorios, la población dominada se incrementó notablemente. Por ello, a diferencia de lo ocurrido con anterioridad, el gran cacique triunfador no eliminaba al vencido, pues sus propios y deficientes medios estatales no le permitían prescindir de la importante y forzada cooperación del derrotado, a quien obligaba a confederarse. Entonces, la experiencia lo indicaba, lo más conveniente era imponer a este el pago de un tributo a partir de lo que arrebataba a sus campesinos. Surgían así vínculos tributarios entre dos explotadores, uno dominante y otro dominado, pero sin perder ninguno su condición social; el segundo solo entregaba al primero parte del plusproducto que percibía, con lo cual surgió un régimen socioeconómico despótico tributario basado en el modo de producción esclavista.

Con esas contribuciones forzosas, las sedes de los gobernantes victoriosos se convertían en capitales de jóvenes Estados, en los cuales los grandes jerarcas —podían llamarse zipa, zaque, iraca— disfrutaban del mayor prestigio y privilegios, tales como cubrirse el cuerpo con hojuelas de oro y hacerse llevar en literas enchapadas del mismo metal. Después, con tanto poder, no pasó mucho tiempo antes de que dichos caciques empezaran a realizar la elección de sus sucesores entre los miembros de sus propias familias.

A partir de entonces, las grandes mansiones de los encumbrados fueron rodeadas por dos poderosas cercas de troncos de madera, y las puertas decoradas con objetos de oro. Esto lo justificaban con el hecho de que, al mismo tiempo, sus moradas servían como almacenes para depositar los tributos, percibidos por los recaudadores o embrión de una casta de esclavos domésticos. Dichas casas a la vez se encontraban unidas a los templos, lo que evidenciaba sus fuertes vínculos con los sacerdotes.

Los religiosos, por su parte, agobiaban a los pobladores con manifestaciones culturales elitistas que se expresaban mediante una legislación de tendencia despótica. Por ejemplo, solo los aristócratas podían utilizar joyas y comer carne de venado; se prohibía mirar la cara del gobernante, cuya figura se empezaba a deificar, lo cual, junto a otras normas adicionales, tenía el propósito de divinizar las nacientes relaciones explotadoras de producción.

Poco antes de arribar los castellanos, la lucha entre los incipientes Estados chibchas, en pugna por confederarse y preponderar, era constante. Los fuertes atacaban a los débiles, y estos, para defenderse, a veces coordinaban acciones preventivas contra el joven coloso que mayor peligro les ofreciera. Con esas tácticas de colaboración armada se esforzaban por salvaguardar su precaria independencia, pues confiaban en que la simultaneidad de operaciones bélicas mantendría a las fuerza enemigas —en constante crecimiento— dentro de límites tolerables. Pero la desigualdad de poderío se impuso paulatinamente. Los pequeños territorios sucumbieron, uno tras otro, hasta que los mayores estadillos terminaron por enfrentarse entre sí. Las nuevas guerras condujeron al mutuo despojo de cacicazgos tributarios, con lo cual se iniciaron tiempos de poco confiables lealtades políticas. Para enfrentar esa antes desconocida situación, los grandes jefes empezaron a disponer que sus familiares gobernasen las regiones recién conquistadas, lo cual no solo reflejaba desconfianza hacia los tradicionales caciques depuestos, considerados comprometidos en demasía con sus antiguos superiores, sino que evidenciaba, también, la vigorización de los órganos estatales propios.

El más poderoso estadillo chibcha era el de Bacatá, hegemónico sobre cinco grandes regiones tributarias semiautónomas: Fusagasugá, Ubaqué, Guatavitá, Zipaquirá y Ubaté; este controlaba unos dieciocho mil kilómetros cuadrados de la parte meridional del Altiplano y su capital era Muequetá, donde vivía el zipa. Tunja se encontraba al norte, en las tierras altas de Boyacá, desde las que el zaque gobernaba a unas ciento cincuenta mil personas, agrupadas con distintos grados de dependencia en su confederación.

Los estadillos de Suamox, Tundama, Guanentá, Sachicá, Saboyá, Chipotá y Maniquirá tenían una existencia más o menos independiente, todos subdivididos en cacicazgos tributarios con gran autonomía. En ellos, comenzaba una producción mercantil o para el cambio, al haberse escindido la economía en dos ramas principales: la agricultura y los oficios manuales. Además, el comercio tenía algún desarrollo en virtud de una naciente división regional del trabajo, ya que empezaba cierta especialización; unos producían carbón de piedra, otros alfarería u orfebrería o textiles, y algunos extraían esmeraldas. Esta peculiaridad tuvo por consecuencia propiciar una pronta tercera división social al surgir los mercaderes, que no se ocupaban directamente de la producción, pues su tarea consistía en llevar los excedentes a los mercados, situados en lugares escogidos como: Tunja, Turmequé, Cayaime, Aipe, Neiva, Tara, Zaracotá, Muequetá, Zipaquirá. En dicha actividad, todo parece indicar que las hojuelas de oro comenzaron a convertirse en moneda no acuñada dominante.

Hacia el exterior, el comercio chibcha llegaba hasta Perú y el istmo centroamericano, adonde sus mercaderes llevaban sal para trocar por diversos productos. Sin embargo, el intercambio solo abarcaba unos pocos artículos, pues en lo fundamental aquellas comunidades podían considerarse autárquicas.

Ciudades-Estado mayas

En Centroamérica, a principios del primer milenio, los mayas vivían en la húmeda región tropical de la península de Yucatán, donde el suelo era poco profundo, pedregoso y cubierto de bosques. La agricultura constituía su principal forma de subsistencia, aunque sin animales de tiro ni fertilizantes. Solo disponían de tres instrumentos de importancia: el hacha de piedra, la vara de sembrar —puntiaguda, endurecida al fuego—, y la bolsa de fibra para llevar semillas. Los expertos y severos sacerdotes escogían con mucho cuidado la fecha de dar inicio a la lenta y fatigosa tarea de desmontar los campos. Después, a los troncos, bejucos, arbustos y malezas cortados se les daba fuego un día preciso. La siembra la realizaban en la misma tierra durante cinco años consecutivos. Más tiempo no resultaba productivo, ya que el incremento anual de las malas hierbas provocaba la rápida disminución de las cosechas. Por eso, el área destinada a los cultivos se dividía en ocho lotes, técnica que permitía dejar en barbecho parte de los terrenos durante cuatro décadas. El maíz constituía el alimento fundamental, sustituido en ocasiones por frijoles, batatas, tomates, yucas u otras plantas.

Los religiosos obligaban a aquellos esforzados hombres a trabajar las canteras y labrar o esculpir enormes cantidades de piedra o sillares, empleados en canalizar ríos y en la erección de importantes edificios, centros ceremoniales, elevados templos, pirámides, vastas columnatas, palacios, monasterios y grandes plataformas. Los explotados también debían: laborar en hornos para quemar las rocas calizas y convertirlas en cal, integrante esencial de la mezcla maya; grabar con sus hachas y cinceles de pedernal preciosos dinteles en las puertas de madera dura o en las vigas de chicozapote de los techos; servir como bestias de carga para transportar piedras y cosechas. Solo grandes contingentes humanos aportados por las comunidades agrícolas sojuzgadas podían realizar los gigantescos trabajos, pues el bajo desarrollo de las fuerzas productivas impedía que los pocos esclavos doméstico-patriarcales existentes pudieran ser destinados con provecho a la producción.

Los explotados campesinos vivían en las afueras de las bellísimas ciudades, en las cuales la jerarquía social se medía por la distancia que había entre cada vivienda y la plaza central. Así, todas las urbes estaban rodeadas de innumerables chozas hechas de palos con techos de paja.

A principios del siglo IV en dicha región ya se habían desarrollado importantes ciudades, como Tikal, cuyo núcleo administrativo, más el distrito de los templos y el sector de otros importantes edificios públicos, ocupaban un área superior a un kilómetro cuadrado. Después, en todas direcciones, había patios y plazas más pequeñas, rodeadas de grandes edificaciones de piedra. El centro urbano estaba atravesado por diversas calzadas, destinadas —entre otras funciones— a unir los cinco grandes templos-pirámides, el mayor de los cuales medía setenta metros de altura. La antigüedad de esta urbe se conoce debido al hallazgo de la llamada Placa de Leyden, que en realidad es un pendiente de jade con una inscripción correspondiente al año 320. Asimismo, la práctica maya de erigir cada veinte años grandes monumentos de piedra, hoy denominados estelas, nos permite conocer que Uaxactún, también en el Petén, ya existía en el 328. Era un centro urbano de segunda categoría, con unos cincuenta mil habitantes, cuya tercera parte la formaban hombres aptos para el trabajo.

Hacia el sur, dicha civilización llegaba hasta la parte occidental del actual El Salvador, entonces conocida como Ciuatanacan, cuya principal urbe se denominaba Chalchuapa, famosa por su impresionante pirámide de Tazumal.

En otras regiones del sur de Yucatán, fueron surgiendo de forma gradual numerosas ciudades, que albergaban a tribus establecidas en áreas geográficas bien definidas. En el suroeste, Taniná fue la principal urbe. Se alzaban a su vez en el valle del Usumacinta, los notables centros de Yaxchilán y los hoy denominados Piedras Negras y Palenque.

En el sudeste, y solo superada en importancia por Tikal, estaba Copán —en la actual Honduras, al nordeste de Chalchuapa— que se componía de un núcleo principal y dieciséis subgrupos, situado el más lejano a once kilómetros del centro. La médula del conjunto urbano era un complejo arquitectónico de pirámides, terrazas y edificios que, mediante constantes adiciones, llegó a formar una gran masa de mampostería de treinta y ocho metros de alto, distribuida en una superficie de cinco hectáreas. Incluía los templos más hermosos, erigidos en memoria de notables sucesos, como aquel en que se calculó con exactitud el tiempo transcurrido entre los eclipses, hazaña que pudo ser realizada por constituir la ciudad el mayor centro científico de la civilización maya. En Copán, los sacerdotes desarrollaban los más avanzados estudios en relación con la escritura, a punto de transformarse de ideográfica en fonética. Y en las matemáticas estructuraron —los primeros en la humanidad— un sistema de numeración basado en la posición de los valores, que implicaba la concepción y uso del cero, un extraordinario aporte al pensamiento abstracto. La unidad base de su aritmética era vigesimal, conjunto creado mil años antes, por lo menos, que el de los indostanos. También parecen haber sido los primeros del mundo en comprender la necesidad de tener un punto de partida fijo para computar el flujo cronológico. Con el fin de llevar a cabo esta empresa crearon el exacto calendario maya, compuesto de diecinueve meses y trescientos sesenta y cinco días.

Los religiosos utilizaban esos avances con gran habilidad; en la agricultura, por ejemplo, indicaban con acierto las fechas para acometer las distintas labores. Y en el aspecto ideológico, se valían de sus conocimientos para sumir en la más completa obediencia a los campesinos, mantenidos en total ignorancia.

Aunque unidos por una lengua, una religión y una cultura comunes, los explotadores de cada ciudad mantenían su Estado independiente, con una superestructura política propia. Parece ser que el gran paralelismo alcanzado por estos núcleos urbanos en su evolución histórica, impidió la hegemonía militar de algunos de ellos sobre los demás. Quizás por eso las decenas de ciudades-Estado mayas no hayan podido llegar a confederarse. De ahí, tal vez, la preponderancia que sobre los guerreros —reservados principalmente para las tareas de represión interna— llegaran a tener los sacerdotes.

El fenómeno de las perseverantes independencias citadinas tenía, sin embargo, su aspecto positivo, pues en cada urbe los religiosos se esforzaban por acelerar el desarrollo de su sabiduría. La multiplicidad de castas eclesiásticas dedicadas a esos menesteres produjo una civilización de incomparable esplendor, con notable dominio para su época del arte y la primitiva ciencia. Pero al mismo tiempo, el hecho de que cada ciudad contara con una numerosa y propia clase explotadora recargaba de forma excesiva la expoliación de los comuneros, cuyo malestar iba en constante aumento.

En simultaneidad con esos factores, los desmontes y repetidas quemas de extensiones cada vez más grandes de la selva —para cultivarlas con maíz—, iban convirtiendo las primitivas áreas de bosques en sabanas hechas por el ser humano. Y al no ser posible compensar las consecuencias de la irracional devastación, los sectores aristocráticos comenzaron a arrebatar mayor cantidad de productos a los campesinos, hasta dejarlos con insuficientes recursos para la supervivencia.

El miedo a la vida de ultratumba, inculcado por siglos de coacción ideológica, y los castigos físicos aplicados por los guerreros, hicieron soportar a los campesinos durante un tiempo lo intolerable. Hasta que a fines de la quinta centuria, traspasado el límite de la resistencia humana, hubo una enorme insurrección popular contra el poder teocrático. Con gran dificultad, los explotadores pudieron aplastar el movimiento de rebeldía. Pero desde entonces, como consecuencia de la presión demográfica, miles de personas comenzaron a emigrar hacia el poco habitado norte yucateco donde fundaron Chichén Itzá, y otras nuevas urbes mayas.

Las medidas adoptadas por la clase explotadora fueron, no obstante, insuficientes para evitar la repetición de sublevaciones. Y a finales del siglo IX se produjo otro alzamiento contra los privilegiados, debido a lo cual los campesinos derrocaron el poder opresor en gran parte de las ciudades-Estado.

Al ser liquidadas las castas religiosas y militares, monopolizadoras de todos los conocimientos y de la cultura más refinada, muchos grandes centros urbanos fueron abandonados dada la imposibilidad de los campesinos de establecer un modo de producción superior. Entonces, las tribus mayas retrocedieron a la comunidad primitiva y las selvas avanzaron por vastas extensiones, ocupadas con anterioridad por la más brillante cultura autóctona de los explotadores americanos.

Liga de Mayapán

Mientras en el sur de Yucatán los sublevados triunfaban, en el norte el poder explotador de los aristócratas se revitalizó por la inesperada inmigración de grupos militares toltecas, al parecer dirigidos por Quetzalcóatl, y procedentes de Tula, en el valle de México. Este arribo de esos expertos combatientes a principios del siglo X permitió aplastar a los insurrectos, que fueron devueltos a su antigua y esclavizada existencia. Entonces, en la vieja Chichén Itzá, los recién llegados impusieron sobre la antigua clase explotadora una familia gobernante propia, que hizo preponderar los valores toltecas aun en medio de cierta fusión cultural con la civilización maya clásica. Esta se expresó, por ejemplo, en el hecho de que el gran jefe guerrero tolteca tradujo su nombre a lengua maya, por lo que se redenominó Kukulkán o Serpiente Emplumada.

La adición de nuevas edificaciones extendió el centro administrativo y religioso, por lo cual la ciudad adquirió dos tipos de arquitectura diferenciados. Muestra típica de ese proceso quizás fuese el Templo de los Guerreros, cuya pirámide estaba construida sobre otra anterior. Las nuevas edificaciones se caracterizaban por sus grandes columnatas de serpientes emplumadas —de origen tolteca—, que a veces llegaban a medir hasta ciento veinte metros de largo.

Los recién llegados militares foráneos, sin embargo, establecieron su centro político a fines del primer milenio en la nueva ciudad de Mayapán. Esta urbe, además del plusproducto que arrebataba directamente a los campesinos mayas vueltos a sojuzgar, percibía tributo de la dependiente Chichén Itzá, pues al romperse el tradicional paralelismo surgió la posibilidad de que un centro se convirtiera en hegemónico dentro de una Liga o Confederación.

En su novedosa capital los explotadores conservaban con pureza y celo sus costumbres traídas del Anáhuac; vivían dedicados al ejercicio de las artes bélicas, fortificaban sin cesar los principales puntos defensivos de la amurallada ciudad y reforzaban su poderío con la constante introducción de más mercenarios mexicanos.

Poco tiempo después de fundada Mayapán, otro grupo de inmigrantes guerreros toltecas estableció la ciudad de Uxmal, que fue construida en un área relativamente pequeña y brindaba un aspecto monumental, con seis grandes conjuntos de edificaciones. En cuatro grandes inmuebles que rodeaban un amplio patio de casi quinientos metros cuadrados, vivían los religiosos. Contiguo a ese enorme cuadrángulo, se encontraba el templo principal, descollante por su altura. Pero nada podía compararse con el esplendor de su centro administrativo, la hoy llamada Casa del Gobernador. Esta coronaba una triple terraza de cuarenta y cinco pies de altura, que ocupaba dos hectáreas de terreno, y en cuyo interior contaba con veinticuatro inmensas cámaras. Pero a diferencia de la política cultural llevada a cabo en la preponderante capital, en la recién establecida urbe de Uxmal se asimiló la impresionante civilización encontrada; la numerosa e instruida casta sacerdotal que en ella se desarrolló, abjuró de sus antiguas prácticas culturales y fomentó las más bellas expresiones de un nuevo estilo arquitectónico que bien pudiera denominarse maya neoclásico.

Aunque esta nueva ciudad pronto tuvo que incorporarse también a la Confederación, lo hizo bajo términos tributarios mucho menos exigentes que los aplicados a las demás. En dicha Liga, cada ciudad-Estado confederada tenía al frente a un halach uinic o «el verdadero hombre», cargo ya hereditario. Pero en caso de ser menor de edad el hijo mayor de la familia gobernante —los Cocomes en Mayapán, los Itzáes en Chichén, los Xiu en Uxmal—, el tío paterno actuaba en calidad de regente. Los jefes supremos escogían entre sus parientes a los bataboob para que fungiesen como caciques de las aldeas. Luego, asesorados por estos funcionarios y con la ayuda de los principales sacerdotes, formulaban la política que seguirían en los distintos aspectos.

La penetración tolteca continuó y, en el siglo XI, llegó hasta el oeste del río Lempa, en el actual El Salvador. Allí, estos guerreros, conocidos más tarde como pipiles, al parecer los dirigía Topiltzin Axitl, quien hacia el 1054 fundó Cuzcatlán y después conquistó a Copán, donde estableció el centro político de un Estadillo que denominó, según la lengua, Payahki o Ueytlatu. En la hegemónica urbe mencionada, además del plusproducto que arrebataba a sus propios campesinos, la aristocracia percibía tributos de otras ciudades, y sobre todo de la rica Cuzcatlán, que se rebeló en diversas oportunidades hasta independizarse y cesar dicho pago. Este orgulloso cacicazgo tenía entonces por vecinos, al otro lado del Lempa, a tribus genéricamente conocidas como lencas, las cuales recibían influencias de los chibchas sudamericanos a través de las tierras bajas del Pacífico.

En Chichén Itzá, después de culminada la simbiosis cultural entre la antigua élite maya y los toltecas, la clase explotadora decidió marchar a la guerra contra la ciudad hegemónica en 1194, con el fin de cesar el pago del tributo. Derrotada, se le impusieron condiciones de sometimiento aún más duras. La victoria fortaleció a Mayapán al extremo de que, incluso Uxmal, neutral durante el conflicto, sufrió un recrudecimiento de su dependencia. A partir de entonces todos los sometidos jefes confederados y sus principales ayudantes fueron obligados a residir en la capital, mientras los asuntos de las ciudades sojuzgadas eran administrados por individuos enviados a ellas; los rehenes debían garantizar el buen comportamiento de los centros dominados.

Desde su triunfo, el incremento de la política impositiva de Mayapán exigió tales tributos, que el florecimiento cultural del denominado segundo esplendor se detuvo. No había suficientes recursos para un ulterior desarrollo de las actividades supraestructurales.

Al cabo de dos siglos de saqueo, en 1441, las exhaustas clases explotadoras de Uxmal y Chichén Itzá decidieron realizar un ataque coordinado contra la tiránica metrópoli hegemónica. Aunque Mayapán fue arrasada, su derrota no condujo al predominio de otro centro urbano, pues junto con ella sucumbieron también las ciudades rebeladas, destruidas durante la horrible guerra. Entonces todas fueron abandonadas para no volverse a poblar jamás. Los mayas-toltecas se disgregaron y formaron una veintena de estadillos, en constantes luchas entre sí. Las brillantes tradiciones fueron olvidadas, y perdidos los grandes logros científicos y culturales.

Teotihuacán, Culhuacán, Azcapotzalco, Texcoco

En el valle de México, a dos mil metros sobre el nivel del mar, altas cadenas de montañas circundan la fértil hondonada. En ella, hace más de veinte siglos, la gran albariza de Texcoco se nutría de diversas fuentes: desde el sur, por las lagunas de Xochimilco y Chalco; desde el noroeste, por las de Xaltocán y Zumpongo; desde el noroeste por el río Acolman, que depositaba el caudal recogido en el fructífero valle de Teotihuacán. Los lagos eran poco profundos y sus riberas pantanosas, pobladas de juncos, por lo que atraían una gran afluencia de aves salvajes. En las boscosas laderas de las montañas abundaba el venado. Espesos depósitos aluviales —estupendos para la agricultura primitiva— cubrían las márgenes de los espaciosos estanques durante la época de las lluvias.

Cerca de allí —a setenta kilómetros del lago Texcoco—, a fines del siglo V o principios del VI, agricultores sedentarios toltecas empezaron a erigir en Teotihuacán una ciudad-Estado, la primera del centro de México. A lo largo de cinco centurias, inmensas extensiones de tierra fueron incorporadas a la urbe por la clase dirigente, que además de explotar sus propias comunidades campesinas llegó a imponer tributos a otros núcleos citadinos surgidos después.

Con el trabajo y los recursos excedentes arrebatados a los oprimidos, se construyó una impresionante metrópoli, cuyo punto descollante era la Pirámide del Sol, que por su magnitud empequeñecía al resto de las edificaciones. Cada lado de su base tenía 235 metros de longitud. En la terraza, construida en su cúspide —a más de sesenta y cinco metros de altura—, se celebraban importantes ceremonias. Al sur de otra gran pirámide, la de la Luna, había dos hileras de majestuosas construcciones. En sus proximidades, se encontraban imponentes edificios comunales, de hasta sesenta habitaciones, que servían de morada a los sacerdotes. El conjunto de este núcleo central comprendía una superficie de cinco kilómetros de largo por unos tres de ancho; era el área dedicada a las actividades religiosas. En el resto de los veinte kilómetros cuadrados de superficie que abarcaba la ciudad, se delimitaban con claridad los barrios, cuyos habitantes se agrupaban según el tipo de ocupación que tuvieran o por su lugar de procedencia.

Los toltecas —al igual que los mayas— realizaban sus siembras en la misma tierra durante cinco años consecutivos, y también entre ellos el incremento demográfico condujo a una disminución del tiempo en que podían dejarse en barbecho las tierras, que siempre había sido un lustro. A consecuencia de esta práctica, los árboles no tenían tiempo de crecer, y los bosques fueron desapareciendo; la deforestación provocó el agotamiento de los ríos, y la falta de regadío tuvo por resultado menores rendimientos. Para suplir la escasez de excedentes, los explotadores elevaron sus exacciones a las comunidades agrícolas, debido a lo cual aparecieron el hambre, la miseria y las enfermedades a causa de la escasa nutrición. Así, la crisis se hizo inevitable y empezaron las sublevaciones campesinas.

En tal coyuntura, un nuevo peligro acechó a la ciudad-Estado, pues tribus migratorias chichimecas avanzaban sobre la urbe, lo que suscitó agudas pugnas en el seno de las castas aristocráticas. Los guerreros defendían el criterio de aumentar las fuerzas del Ejército con el fin de enfrentar a rebeldes e invasores, mientras los sacerdotes impugnaban ese argumento; ellos comprendían que el incremento de los efectivos bélicos agravaría aún más la pobreza e indignación de los explotados, ya que de pasar muchos de estos a la condición de soldados, menos campesinos estarían disponibles para atender las cosechas. En consecuencia, los excedentes ya exiguos, desaparecerían.

Ante esas perspectivas, los sacerdotes insistían en dar una solución política al problema, pactar con los chichimecas y fundir la élite tolteca con los inmigrantes, para fortalecer así el régimen de explotación.

Mientras esos acontecimientos tenían lugar en Teotihuacán, en la margen opuesta del lago Texcoco otro próspero Estado tolteca clásico —Azcapotzalco— conservaba su integridad. Las aguas de la albariza se interponían entre la ciudad y los intrusos. Pero transcurridos unos doscientos años, nuevos inmigrantes, esta vez tepanecas —de origen nahuatl—, irrumpieron hasta la urbe y lograron dominarla.

En aquella época, la ciudad preponderante en el valle de México era la sureña Culhuacán, con la cual solo podía emular Texcoco. Sin embargo, entre ambas metrópolis no se habían producido conflictos directos, pues se encontraban en los extremos opuestos del lago. La correlación de fuerzas en el área fue bastante estable hasta mediados del siglo XIII, cuando en la parte menos anhelada de la región lacustre, debido a la salinidad de sus aguas, se establecieron unos aztecas pertenecientes a la tribu mexica. Pronto la prepotencia de los culhuas les impuso el pago de un tributo, gravoso por la enorme pobreza de los recién llegados. Estos se habían asentado en Tenochtitlán, reducido conglomerado de islas que ellos unían de diversas formas para ampliar los terrenos cultivables: en lo sitios de aguas bajas, mediante el relleno con tierra; en las partes de mayor profundidad del lago, con chinampas o balsas rectangulares, cubiertas de ramas de árboles y fango, fijadas al fondo con sauces plantados en los límites de los canales que trazaban.

Las moradas de la mayoría de los tenochcas eran simples chozas de madera y carrizos, humildes palafitos techados con hule. Solo algunos privilegiados habitaban casas de adobe.

En el siglo XIV, al continuar Culhuacán su expansión hacia el norte entró en conflicto con Azcapotzalco. Ambos Estados empezaron las pugnas debido a que sus respectivas clases dominantes rivalizaban por los territorios que dependían de cada uno de ellos; incrementarlos significaba despojar al vecino de los que poseía. Y puesto que la incorporación de nuevos tributarios era la base de un mayor enriquecimiento, podía preverse el estallido de una guerra. En esa coyuntura, los mexicas, deseosos de sacudirse tan gravosa tutela, se aliaron con los tepanecas para juntos enfrentar al enemigo común. La combinación de fuerzas logró vencer a las tropas meridionales, y a partir de ese momento Culhuacán entró en un período de franca decadencia.

Aunque partícipe de la victoria, Tenochtitlán no pudo evitar una nueva dependencia bajo la revitalizada Azcapotzalco, cuyos ambiciosos tepanecas pronto fueron atraídos también por la opulenta Texcoco, la cual percibía cuantiosos tributos de sus extensos dominios que llegaban hasta la actual zona de Veracruz. Esa nueva lucha desembocó, a principios del siglo XV, en una victoria de Azcapotzalco, cuya clase explotadora no solo despojó a la texcocana de las regiones que esta había hasta entonces saqueado, sino que también le impuso un cuantioso gravamen anual directo, pagadero con parte del plusproducto que arrebataba a sus propias comunidades campesinas.

La hegemonía de los tepanecas provocó la alianza de Tenochtitlán con Texcoco, cuyas fuerzas conjuntas lograron derrotar en 1428 a la odiada y preponderante antigua metrópoli.

Confederación Azteca en Tenochtitlán

Los triunfadores en la guerra formaron entonces una Confederación llamada Triple Alianza, así denominada porque también se incorporó la ciudad tepaneca de Tlacopán, acorde con una estrategia política enfilada a brindar cierta participación a las tribus vencidas. En teoría, los jefes de las tres urbes tenían iguales derechos, pues cada uno gobernaba de forma autónoma su territorio y controlaba directamente los dominios que le tributaban. En los asuntos internos los aliados también eran independientes, ya que mantenían sus respectivos y tradicionales órganos administrativos, leyes y costumbres propias. No obstante, las cuestiones de paz o guerra se decidían en común; los ejércitos se debían ayuda mutua y operaban al unísono. Pero en lo concerniente al botín de las guerras se acordó que este fuese repartido de forma desigual: Tenochtitlán y Texcoco recibirían, cada una, dos quintas partes; Tlacopán, el resto.

La Confederación, con sus enormes conquistas posteriores no incorporó regiones sólidamente estructuradas entre sí, ya que hasta en el centro mismo de su territorio había Estados independientes, como Tlaxcala y Meztitlán, no sojuzgados a pesar de las múltiples agresiones contra ellos lanzadas.

Además, las tribus sometidas empleaban una heterogeneidad de lenguas: algunas hablaban en diferentes dialectos nahuas; otras se comunicaban en idiomas pertenecientes a variados grupos lingüísticos como: popoloca, totonaca, otomíe, zapoteca, mixteca, tlapaneca, chiapaneca.

De los innumerables tributarios, fluían hacia la Triple Alianza inmensas riquezas. Según el afamado Códice Mendoza, en los momentos de la Conquista ibérica los productos almacenados en los depósitos de las tres ciudades confederadas alcanzaban cifras enormes. Cientos de miles de fanegas de maíz, frijol, semillas oleáceas de salvia chía; millares de cargas de cacao, chile rojo, cal; infinidad de jarras de jarabe de maguey, miel de colmena; un sinfín de vigas, tablas grandes y otros materiales de construcción. La lista continuaba: tabaco, sal, vestidos, adornos, utensilios domésticos, objetos para el culto, pieles, barras y collares de oro, cuentas de jade, turquesas, colorantes.

El gran poderío que alcanzara Texcoco hizo más complejo su aparato administrativo, pues el sometimiento de vastas regiones dependientes exigía combinar diversos sistemas de dominación.

Así, en las zonas donde habían prevalecido débiles clases explotadoras locales, las tribus perdieron el derecho de contar con un jefe o tecuhtli propio. El Gobierno pasaba entonces a un gobernador provincial, funcionario seleccionado entre la élite texcocana, que acopiaba los excedentes producidos por las comunidades esclavizadas —altepetls— y los enviaba a la urbe hegemónica. Para los macehuales o campesinos agrupados en clanes llamados calpullis, este saqueo no significaba más miseria, pues su monto nunca superaba lo antes exigido por la aristocracia nativa. En cambio, en las ciudades sometidas que contaban con importantes castas expoliadoras propias, se mantenían las tradicionales autoridades, a las cuales se les obligaba a permanecer parte del año en Texcoco y pagar determinados tributos en fuerza de trabajo y en especie, que entregaban en intervalos regulares bajo la supervisión de un funcionario enviado, al que llamaban calpixque. Esas exacciones perjudicaban a la aristocracia y a los trabajadores, pues con el fin de compensar sus pérdidas, los privilegiados oprimían aún más a los que producían. No era extraño, por lo tanto, que los explotados anhelaran que se estableciera el poder central directo de Texcoco; la eliminación de la nobleza local disminuía sus padecimientos, ya que la dependencia despótico-tributaria agravaba la esclavización de las comunidades.

Con los nuevos recursos arrebatados mediante la tributación, Texcoco se enriqueció mucho. Al mismo tiempo la familia gobernante —Netzahualcoyotl fue sucedido por su hijo, Netzahualpilli— se diferenció mucho del resto de la clase dirigente, pues se hizo construir lugares particulares de recreo provistos de flores y árboles exóticos, así como convirtieron grutas en casas de campo y seleccionaron montañas para su caza privada. El más notable de esos retiros era el de Tetzcotzinco, colina boscosa cercana a Texcoco, con una gran escalinata que ascendía hasta una preciosa plataforma superior. Un acueducto desembocaba en su parte más alta.

De allí el agua corría refrescante hacia un conjunto de estanques esculpidos, junto a los cuales se encontraban los exclusivos baños, abiertos en la dura y compacta roca de pórfido —especie de jaspe— y un palacete dedicado a los momentos de meditación y ayuno.

Para los sacerdotes también se erigieron imponentes edificios, que a veces tenían más de trescientas habitaciones. Allí se encontraban los archivos oficiales; lugares de reunión de historiadores y poetas; locales de gobierno, justicia y almacenes.

Con la victoria sobre Azcapotzalco ninguna ciudad experimentó, sin embargo, cambios tan trascendentales como Tenochtitlán, cuyo vuelco en su situación económica fue completo. Se calcula que los excedentes que percibía eran suficientes para mantener a sesenta mil personas. Con la recepción de materiales de construcción, y el empleo de mano de obra tributaria suministrada por el coatequil —trabajo periódico obligatorio aportado por los sometidos—, los mexicas hicieron crecer la urbe al ritmo de sus conquistas.

Al principio, acometieron grandes trabajos públicos de interés para toda la colectividad. Un ejemplo fue la comunicación de la urbe con las riberas por tres rutas; se clavaron en el fondo del lago, hileras paralelas de postes, rellenadas luego con piedras, que en ciertos tramos dejaban espacios que permitían el paso de canoas, vacíos salvables mediante puentes levadizos. Un cuarto dique servía de base a dos canales de pedernal, cubiertos, revestidos de cal. Este acueducto recogía el agua en los manantiales de Chapultepec —ribera occidental conquistada en la contienda contra Azcapotzalco— y la conducía hasta los depósitos ubicados en el centro de la ciudad. Además, con el fin de protegerla de las catastróficas inundaciones periódicas y convertir parte de la albariza en lago dulce, se construyó un poderoso rompeolas de dieciséis kilómetros de largo que dividía la laguna. En la obra trabajaron veinte mil coatequileños alimentados con los tributos. Después, aunque los macehuales seguían en sus tradicionales chozas, los miembros de la aristocracia empezaron a vivir mejor. Unos se hicieron erigir casas de adobe de dos pisos, con azoteas y techos impermeables; otros, casas de piedra; algunos anhelaban todavía mayor lujo.

La urbe contaba con veinte calpullis o barrios, restos de la antigua organización en clanes de la tribu mexica, cuyos habitantes en su mayoría cultivaban todavía el suelo. No obstante, varios distritos estaban dedicados a actividades especializadas, como la de tamemes o cargadores, artesanos de plumas, orfebres, pochtecas o comerciantes, talladores de piedras.

Las tierras para la subsistencia de los sojuzgados, de igual forma que en las comunidades esclavizadas de los territorios dependientes, se dividían en dos grupos: el altepetlalli, trabajado colectivamente, destinado a satisfacer las necesidades comunales de las gens, y el conjunto llamado calpullalli. Comprendía este las parcelas individuales —conocidas como tlalmilli— que eran entregadas de por vida al jefe de cada familia campesina particular, pues solo a la muerte del beneficiario volvía el lote al seno de la comunidad, con el propósito de que se realizara otra repartición.

En la Confederación no solo evolucionaban con celeridad las características del urbanismo. La estructura socioeconómica también se encontraba en un proceso de rápida transformación. Así, los terrenos tradicionalmente laborados de forma gratuita por las colectividades explotadas veían alterar su patronímico, pues cesaron de llamarse acorde con la función social de los destinatarios. No se les decía ya *tierras de la guerra,* o *del culto* ni *de la administración,* sino *de los guerreros, de los sacerdotes,* y *del supremo gobernante.* Aunque los nombres nuevos no implicaban todavía un necesario cambio en los vínculos de producción basados en la coacción extraeconómica, sí evidenciaban que las castas se convertían en usufructuarias directas de enormes extensiones de terrenos fértiles. Por ello, en los últimos años antes de la Conquista, privilegiadas familias aristocráticas pudieron disponer de importantes superficies cultivables para su consumo privado.

En un inicio, dichas adjudicaciones requerían una ratificación anual, pero pronto empezaron a ser transferidas de manera hereditaria sin el mencionado requisito. Esos terrenos pasaron a ser cosechados por mayeques o tlamaitls, individuos que por determinadas razones podían quedar ya al margen de sus antiguos clanes, a los cuales les estaba prohibido abandonar los predios del señor, cuyas tierras trabajaban a cambio de una parcela. Surgían así entre los aztecas las primeras manifestaciones de nuevas relaciones de producción.

Acorde con los nuevos tiempos, la selección gubernamental comenzó a realizarse exclusivamente entre los estrechos marcos de determinadas familias, tanto a nivel de cacique o calpullec, como del tlacatecuhtli o jefe de los hombres. Solo parientes de los fallecidos jerarcas podían sucederlos en los importantes puestos.

Después de ocupar el referido y principalísimo cargo en 1503, Moctezuma, que tenía fama de gran guerrero, se acercó mucho a la casta sacerdotal. Tenía el propósito de conseguir el apoyo de los religiosos para que lo ayudaran a convertirse en autócrata divinizado, capaz de transmitir por designación hereditaria su alta función.

El tlacatecuhtli disponía de un enorme palacio, con veinte puertas exteriores; salas de cincuenta metros; cien habitaciones, cada una con más de seiscientos pies cuadrados y baños; lisas paredes de mármol que parecían espejos; enmaderamientos de cedro blanco bien tallados; oratorios enchapados en oro y plata; adornos con esmeraldas, rubíes, topacios. Además, el nuevo jefe supremo formaba una especie de corte exclusiva con sus más allegados, y disponía para su deleite de unas ciento cincuenta concubinas.

Luego de ascender al poder, Moctezuma acometió las tareas de centralizar el régimen e imponer la lengua, la religión y las costumbres aztecas en los territorios dependientes. De esa manera, dicha influencia cultural, que antes no rebasaba mucho el valle de México, tuvo un brusco empuje. La aztequización se manifestaba, entre otras formas, mediante la difusión de nombres mexicas.

Pero el gran gobernante no circunscribió su programa centralizador a esos límites y se dedicó a colocar sobrinos suyos al frente de distintas ciudades. Así, por ejemplo, en 1515, controlado ya el gobierno de Tlacopán, aprovechó la muerte de Netzahualpilli para imponer en Texcoco al hijo de su hermana con este, mientras el preterido medio hermano paterno, Ixtlilxochitl, marchaba con sus seguidores en protesta a las montañas. Pero no obstante esta y algunas otras limitadas manifestaciones de descontento, parecía que las continuas guerras interestatales, la sucesión de heterogéneas ciudades hegemónicas, las pugnas culturales y religiosas, iban a languidecer debido a la hábil política de Tenochtitlán. Esta sintetizaba la experiencia de siglos de conflictos, y acentuaba la tendencia a estructurar un sólido poder central que liquidara la multitud de pequeñas clases explotadoras locales, incapaces de edificar un Estado unificado y coherente. Y el trascendente problema de integrar un imperio había sido abordado por Moctezuma, cuando su obra se vio interrumpida por la Conquista ibérica.

Civilización Mochica, Estado Chimú, Tiahuanaco

Las primeras estribaciones de la imponente Cordillera de los Andes, que corren paralelas al océano Pacífico, han dejado una estrecha faja de llanuras costeras donde ríos montañosos de considerable corriente ensancharon el suelo de los valles de Moche, Virú, Chira, Lambayeque, Chiclayo, de la Leche y Chicama. Así se conformó una cadena de puntos verdes en el desértico litoral de Perú. El parejo régimen de las corrientes fluviales, cuyo caudal aumenta hacia el norte, favoreció al sector septentrional para el asentamiento humano. En ese medio de agudos contrastes orográficos, surgió entre los siglos VII y VIII, la llamada civilización mochica. Para irrigar el valle de Chicama y beneficiar el de Moche, sus habitantes construyeron un imponente canal de 113 kilómetros de longitud, así como acueductos que bordeaban colinas y cruzaban cañadas; trazaron caminos de hasta diez metros de ancho, y erigieron grandes fortificaciones. Edificaron también majestuosos santuarios. El mayor, Huaca del Sol, requirió ciento treinta millones de ladrillos de adobe, y un templo remataba su plataforma superior, dándole mayor altura.

La cerámica mochica acostumbraba a reproducir pasajes destacados de las costumbres, operaciones quirúrgicas, sacrificios de prisioneros y escenas de caza. Aunque nada podía compararse con las representaciones de su gran jefe máximo. Considerado semidiós, aparecía como agricultor, médico, guerrero, orfebre, juez y sacerdote. Este dirigía la estratificada sociedad mediante un régimen muy centralizado, que sintetizaba en su figura el poder de religiosos y militares.

En determinado momento de su desarrollo, los mochicas fueron conquistados por tribus yuncas, que se apropiaron de sus importantes adelantos. A partir de dichos avances constituyeron el poderoso Estado Chimú, que a mediados del siglo XV se extendía del golfo de Guayaquil al río Rimac: setecientos kilómetros de desiertos y valles irrigados, incorporados mediante la hábil combinación de conquistas bélicas y alianzas políticas. En sus más alejados confines levantaron fortalezas como la de Paramonga, hecha de ladrillos sin cocer secados al sol, la cual constaba de tres plataformas. En la más alta, a diecinueve metros de altura, se encontraban las viviendas. La inferior tenía forma de irregular cuadrilátero, con bastiones ajustados a los contornos de la cima en sus cuatro ángulos; era un buen ejemplo de arquitectura militar, pues daba soluciones efectivas y simples a los problemas de la defensa, ya que protegía a la guarnición de ataques efectuados por honderos y arqueros o lanzadores de jabalinas.

La capital, Chanchán, construida en la cuenca del río Moche, cubría veinte kilómetros cuadrados y estaba subdividida en diez grandes barrios rectangulares, uno por clan, todos rodeados de altos muros. En el interior de cada unidad se encontraba un conjunto de calles, casas pequeñas, grandes pirámides, depósitos de agua, jardines, cementerios, todos construidos con bloques de adobe.

En los valles vecinos se encontraban ciudades similares, más pequeñas, dependientes, que pagaban tributos al centro hegemónico, pero gozaban de cierta autonomía. Sin embargo, frente al coloso Chimú se encontraba el notable Estado Cuismancú, también conocido como Chancay, que mantenía su independencia. Este se ubicaba al sur de los yuncas y ocupaba los valles centrales de la costa de Perú. Y como su homóloga norteña, Maranga, la capital, ejercía su dominación —por las cañadas cercanas— sobre varios núcleos urbanos. De estos, el más extenso y poblado, con cincuenta y cinco mil habitantes, era el hoy llamado Cajamarquilla. Pero el más importante, por ser considerado santuario, fue Pachacámac, donde es probable que haya surgido la práctica chanca de momificar los cadáveres.

Un desarrollo diferente tenía lugar por aquella época a cuatro mil metros de altura, en la región del Altiplano puna; en aquel desolado lugar, frío, con pocos árboles, demasiado elevado para una agricultura intensiva, había surgido Tiahuanaco. A veintiún kilómetros del impresionante lago Titicaca, en lenta desecación, donde la aridez del suelo era considerable, tribus aimaras construyeron su pétreo centro ceremonial. Erigido en un valle alargado, limitado por dos líneas paralelas de colinas, tenía mil metros de largo y la mitad de ancho, rodeado por un amplio canal de pronunciadas hendiduras que surgieren la existencia de un puerto lacustre. La principal estructura del núcleo la formaba una pirámide trunca de cuarenta y cinco pies de altura, cuya plataforma superior estuvo destinada a algunos templos. En los alrededores, los artesanos habían tallado en piedra figuras humanas, cuya altura superaba los siete metros.

Durante el período de su máxima proyección hacia el exterior, entre los años 700 y 1000, Tiahuanaco llegó a influir, incluso, en la vigorosa cultura moche, aunque sus efectos no fueron muy profundos.

Durante aquella época de gran esplendor, los contactos comerciales entre el Altiplano y los valles costeros se acentuaron, pero la vitalidad de tales vínculos decayó con el reflujo a finales del siglo XI de la importante civilización. Unos cien años después, su poderío declinó hasta que las constantes luchas con los rivales y sus propias contradicciones internas, lo hicieron sucumbir.

Cuzco, Quito e Imperio Quechua de los Incas

A comienzos del siglo XIII tribus quechuas procedentes del Titicaca se establecieron en el Cuzco. Una centuria más tarde, su ciudad Estado dominaba una zona de casi veinte kilómetros de radio a su alrededor. Su ulterior crecimiento fue lento hasta que Viracocha, en el siglo XV, logró duplicar las tierras que sojuzgaba la clase explotadora de los incas o señores. Así, alcanzaron un poderío similar al de otros Estados en la región central andina. Esta ampliación territorial pronto condujo a disputas fronterizas, que envenenaron las relaciones entre la Confederación Cuismancú —o Chanca— y el Cuzco, pues los dos Estados pugnaban por ampliar sus dominios a expensas del otro.

Al comenzar la guerra entre ambos, Cuzco no contaba con murallas para defenderse, pero tenía un conjunto de fortines en los valles de acceso y contaba con la sólida Sacsahuamán, situada al norte de la decisiva urbe, en la cima de una colina que se elevaba a más de doscientos metros sobre la ciudad. La extraordinaria fortaleza tenía la capacidad de resistir un prolongado asedio debido a la triple línea de muros, construidos con gigantescas piedras que formaban terrazas ascendentes, reforzadas con tres estratégicas torres. Ese sistema defensivo dio a Viracocha una difícil victoria, tras la cual el destacado gobernante murió. Su hijo Pachacuti ocupó el alto cargo en 1438, y después acometió varias guerras expansionistas con el fin de incrementar el plusproducto disponible para su clase. El primer enemigo en ser atacado fue el estadillo de los paltas, cuyas principales líneas defensivas habían sido erigidas en las escarpadas alturas de Zaraguro. Allí, en la actualmente denominada fortaleza de Las Piedras, sus tropas resistieron durante cinco meses, hasta que se vieron forzadas a pactar. El siguiente objetivo incaico fue la poderosa Confederación Quito-Puruhá-Cañar, que tenía su frontera meridional resguardada por el fuerte de Cusibamba en la frontera Cañar.

A finales del período cultural denominado Tuncahuán, ubicado entre los siglos I y VIII, en los actuales territorios de Ecuador penetró la tribu cara, de origen chibcha. Conocían la rueca primitiva, el cortador de barro cocido, y criaban animalitos, como el cobayo, que les servían de alimento. También construyeron caminos y acequias para el riego de los campos. Luego, de forma gradual, los caras se relacionaron con diferentes tribus de procedencia mayoide y arahuaca, tras lo cual, en medio de un proceso de lucha generalizada, los mayores cacicazgos constituidos se fortalecieron hasta llegar a formar unos cincuenta estadillos. A fines del siglo XII, el más famoso era el de Quito, sede de los caras, dirigido por grandes jefes conocidos como shyris, denominación que en su lengua significaba *el señor de todos*. Dicha ciudad entonces se enfrentaba a otros dos Estados también engrandecidos por sucesivas campañas bélicas: Puruhá y Cañar. Este último, muy debilitado, fue obligado a asociarse con los quiteños de forma dependiente. Ello significaba que mediante el pago de un tributo, a partir de lo que se arrebataba a los campesinos, se instituía la Confederación Quito-Cañar, en la cual la clase explotadora doblegada se subordinaba al vencedor, pero sin perder su privilegiada condición social. De esta manera surgió un régimen socioeconómico despótico tributario, basado en el modo de producción esclavista.

El undécimo shyri, llamado Caran, murió hacia el año 1300 sin sucesor varón. Esto indujo a la élite de la aristocracia quiteña a desposar su hija con Duchicela —al menos así se le conoce en la actualidad—, primogénito de la muy culta familia gobernante de los condorazos, en Puruhá. Dicha ciudad-Estado se encontraba por esos tiempos en aguda pugna con la de los pantzaleos, por lo que el surgimiento de una confederación ampliada mediante una alianza política, mucho la beneficiaba. El nuevo monarca despótico impulsó la centralización confederal tan eficientemente que Autachi, su vástago y heredero, pudo vencer a los estadillos de Imbaya y Quillasingas e incorporarlos también a la Confederación.

A partir de entonces, con los nuevos tributos percibidos, se embelleció la ciudad de Quito, entre cuyas obras resaltaban acueductos, fuentes, baños y la gran plaza central, donde se encontraban inmensos cuarteles junto a enormes almacenes públicos, así como el hermoso Palacio Real de Callo. En este, la entrada frontal era majestuosa, conformada por una puerta trapezoidal junto a tres impresionantes ventanas de análoga estructura. Desde él se divisaba en la cumbre de un monte al Templo del Sol, con grandes reflejos de oro, en cuya puerta delantera había dos imponentes columnas para observar los solsticios y regular el año solar. En la cima opuesta se había erigido una edificación similar a la Luna, pero con revestimientos de plata. Además, una parte de las construcciones quiteñas asombraba por sus arcos y bóvedas.

Al fallecer Autachi, su hijo Huálcopo devino en decimocuarto monarca, quien vivió ya tiempos muy diferentes, pues en esos momentos el principal problema de la Confederación no consistía en expandirse, sino en sobrevivir ante el formidable empuje de un temible rival procedente del sur. Esto obligó a la Confederación a desarrollar una política de alianzas, que se inició con los pantzaleos, quienes recibieron al shyri en su palacio de Ambato. Más tarde, Huálcopo marchó hasta las selváticas márgenes del río Curaray, donde entregó hachas de plata, botijas de sal y semillas, husos para hilar, ruecas para tejer, cántaros llenos de añil, aparatos de cerámica para contar a las tribus de los quijos, cofanes, omaguas y otras. A la vez, hizo saber a los respectivos caciques el enorme peligro que se acercaba, pues las tropas incaicas, tras haber conquistado las meridionales tribus de huacos y tarmas, continuaban su avance hacia el norte.

Los triunfos alcanzados incrementaron mucho el poder de los shyris, cuyo cargo supremo se hizo hereditario. Al mismo tiempo la centralización administrativa del régimen permitió comenzar la homogeneización ideológica de los dominios conquistados. Pero el crecimiento territorial de la Confederación la llevó a topar con su poderoso vecino del sur. Ahí empezaron las dificultades.

El Sapa Inca Pachacuti —o Pachacútec— inició una violenta ofensiva contra Cañar, pero fue detenido por la firme resistencia confederada en el fuerte de Cusibamba. Entonces, regresó al Cuzco, y se dedicó a realizar importantes obras en las cercanías de su capital: entre ellas, una especie de reloj de sol que servía para medir el tiempo y fijar con precisión las épocas de las distintas labores agrícolas; la construcción de numerosas terrazas en las laderas de las montañas para incrementar las tierras de cultivo, y la desecación de un enorme pantano. Más tarde, el propio Cuzco se embelleció al crearse la gran plaza ceremonial de Huacapata, donde se ubicaron importantes edificios públicos, a cuyo alrededor los sucesivos Sapa Incas erigieron sus respectivos palacios con macizos muros de pedernal, decorados con valiosos tapices, objetos de oro y adornos de plata.

El aspecto más lúcido del régimen de Pachacuti fue su política de asimilación de los territorios incorporados, llevada a cabo mediante la práctica llamada mitima; a los conquistados se les trasladaba en masa a regiones sometidas desde hacía largo tiempo y en su lugar se establecían colonos totalmente quechuizados. También impulsó un tipo diferente de migración, que tenía por objetivo incorporar tierras deshabitadas a la producción. De esa forma, hasta en los más recónditos lugares se imponía el idioma quechua y el culto al Sol, con el propósito de que se hablara una lengua común y se profesara una misma religión. Se propinaba así un golpe mortal a la vieja estructura de clanes de la sociedad, pues su primera condición de existencia había sido que sus miembros estuviesen reunidos en el mismo territorio. Dicha situación terminaba con rapidez, ya que en todas partes se mezclaban gentes y tribus, práctica que impedía la reunión del clan para salvaguardar los asuntos propios de la vieja comunidad. Así, en lugar de las antiguas asociaciones constituidas por los vínculos de sangre, tornadas caducas, los seres humanos se comenzaron a mover de uno a otro paraje sin responder a leyes tribales. Entonces, en vez de la referida consanguinidad, se hizo necesario tomar un nuevo principio aglutinador para los habitantes: el de la división territorial. Surgió de esta manera en el Estado incaico una nueva forma de comunidad humana: el pueblo, con principios basados en determinados nexos comarcales entre los individuos antes pertenecientes a distintas gens.

Desde Cuzco, Pachacuti ordenó a su hijo Túpac Yupanqui reanudar con más violencia los ataques contra la Confederación Quito-Puruhá-Cañar, debido a lo cual la capital de Cañar, Tomebamba, cayó en poder de los invasores. Entonces Pillahuazo, jefe de los contingentes atacados, se replegó a las orillas de la laguna de Colta para preparar la ulterior defensa de los Confederados.

Ante esa feroz resistencia de la confederación norteña, Pachacuti ordenó el desvío de su Ejército hacia el Estado Chimú, que sucumbió en 1466. Esto satisfizo al monarca incaico, quien antes de fallecer entregó su divinizado cargo a Túpac Yupanqui, devenido undécimo Sapa Inca. Lleno de ímpetu, el nuevo gobernante de inmediato amplió las conquistas quechuas por el oriente hasta las distantes regiones del río Amarú y del Beni. Después, incorporó a sus predios la Confederación Diaguita —actual noroeste argentino—, mediante el conocido proceso de asimilación, realizado por el incanato en cualquier lugar en que llevara a cabo una conquista. Entonces, como en el resto de ese Imperio, sus habitantes adoraron al Sol y hablaron quechua; además, cultivaban patatas, porotos, zapallos, maíz; fermentaban este así como algarrobas para hacer chicha y aloja; utilizaban llamas para transportar cargas; empleaban husos y telares para hilar y tejer lanas, que teñían con tinturas de indelebles colores; fabricaban fina y diversa alfarería; confeccionaban *ushutas* o sandalias, muy parecidas a las antiguas griegas; tallaban y pulían piedras con las cuales construían represas, canales, acequias, palacios, sistemas de irrigación y fortalezas ciclópeas en sitios estratégicos; fundían oro, plata, cobre, bronce; cincelaban joyas primorosas.

Túpac Yupanqui hizo construir un camino con *tambos* o albergues, para protegerse del frío, la lluvia o el viento, que partía del Cuzco y proseguía por Ayavire, donde se bifurcaba en dos ramales que bordeaban el lago Titicaca, tomaba después hacia el sureste y desembocaba en Tucmá, actualmente Tucumán. De este sitio, continuaban dos calzadas: una, atravesaba los Andes y mediante el frecuente empleo de puentes colgantes, llegaba a Coquimbo, en la costa del Pacífico. De allá, torcía al sur, hacia el río Maule, donde los quechuas fueron detenidos por las neolíticas tribus mapuches, llamadas araucanas con posterioridad. Allí se estableció la meridional frontera incaica. La otra calzada salía también de Tucmá y llegaba a la actual Mendoza, de la cual partían algunas rutas transversales de menor importancia. En esta región, vivían los huarpes-comechingones, cuya asimilación había comenzado hacia 1435, en tiempos de Viracocha, pero dicho proceso no estaba tan avanzado como el de sus vecinos del norte. Aquellos habitaban por las Sierras de Córdoba, el sur de Santiago del Estero, el nordeste de Mendoza, y aún no estaban lingüísticamente por completo quechuizados.

El gran jefe inca más tarde retomó la ofensiva contra la orgullosa Confederación norteña. La guerra contra los confederados fue terrible debido a su carácter prolongado y cruel; la resistencia era feroz, encabezada por Epiclachima, hermano del shyri, quien la dirigió durante varios años hasta el horrible combate de Tiquizambi. Aunque en este hubo más de dieciséis mil muertos, entre ellos el propio jefe militar quiteño, sus resultados no fueron concluyentes. Por ello, el prudente Túpac se retiró hasta Tomebamba, su predilecto lugar de residencia, donde más tarde se enteró de la muerte del anciano shyri. Ese cargo fue heredado por su primogénito, llamado Cacha, quien no obstante estar paralítico a causa de heridas recibidas en la guerra, organizaba la defensa en la fortaleza de Lliribamba. Pero esta fue ocupada al reanudar las tropas incaicas sus ataques con una violencia antes desconocida, por lo que el shyri tuvo que replegarse hasta las posiciones que había preparado en Tiocajas. Al mismo tiempo eran derrotados los efectivos pantzaleos al mando de Pillahuazo, quien fue capturado y decidió pactar con Túpac. Se dificultó así la defensa de Quito, en cuya captura se sostuvieron combates extremadamente sangrientos. Luego, al penetrar en la semiderruida ciudad, el Ejército quechua se asombró, pues la conquistada urbe era más grande y bella que la sede imperial de Cuzco.

Por su parte, los vencidos se retiraron al norte, donde aún se reconocía la hegemonía de Cacha.

Túpac no prosiguió su ofensiva contra el shyri; se dirigió a conquistar las tierras de los huancavilcas y de los mantas. Después de esos triunfos, se detuvo en la bahía de Caráquez, con el propósito de allí reunir una poderosa flota de cuatrocientas grandes balsas provistas de timón, mástiles y velas. Con ella durante nueve meses navegó por el océano Pacífico, hasta que topó con las islas Galápagos, de las que se posesionó.

De regreso al Cuzco, Túpac continuó la obra de organizar un verdadero imperio: clasificó a la población en diez grupos de edades, acorde con los cuales se adjudicaban tareas; depuso a los antiguos caciques hereditarios de las comunidades esclavizadas y los sustituyó por aristócratas cuzqueños llamados curacas; dividió el Estado en partes llamadas suyos. Estas eran: el Antisuyo, que comprendía la región oriental de los Andes, donde se encuentran las cabeceras de los ríos Ucayali y Madre de Dios, más toda el área del lago Titicaca y la altiplanicie del Collao; el Collasuyo, que abarcaba el sur de Perú, la zona septentrional de Chile —incluida la actual ciudad de Talca—, la parte del territorio andino de Bolivia, antes aimara —que había pertenecido al imperio Tiahuanaco— y el noroeste argentino, donde hoy están las provincias de Jujuy, Salta, Tucumán, Catamarca, La Rioja, San Juan, Santiago del Estero y hasta la actual ciudad de Mendoza; el Contisuyo, como se llamaba a la parte occidental del centro y norte de Perú, y que cubría las tierras que previamente ocuparan las civilizaciones mochica, chimú y nazca; y el Chinchasuyo, como se denominaba a lo que hoy es Arequipa, Ica, Apurimac, Huancavelica y los territorios recién arrebatados a la Confederación Quito-Puruhá-Cañar. Al frente de cada uno de ellos colocó a funcionarios nombrados cápac, escogidos entre sus familiares más cercanos, los que pasaban a integrar el Consejo Supremo. Y en la cúspide del Tahuantinsuyo o Imperio de las Cuatro Partes se encontraba Túpac Yupanqui, supremo señor, despótico divinizado.

Él, además, decidió liquidar por completo las viejas clases explotadoras locales que, mediante la forma generalizada del modo de producción esclavista, habían arrebatado hasta entonces los excedentes que producían las colectividades sojuzgadas, y de los cuales una parte se había enviado en calidad de tributo al Sapa Inca. Para alcanzar sus objetivos, el monarca dispuso que las tierras del ayllú o comunidad campesina, estructurada ya a partir de principios territoriales, se dividieran en tres partes. La primera en delimitarse debía ser la porción destinada a garantizar la subsistencia y producción de los comuneros o purics y sus familias. Dichos terrenos se repartían en parcelas o tupus adjudicadas anualmente, y cuya dimensión para una pareja sin hijos era de aproximadamente noventa metros por quince, según la calidad del suelo del lote. Después, se establecía cuáles eran las tierras de los religiosos, llamadas del Sol, así como las del Inca, que ambas debían ser trabajadas por los esclavizados campesinos o purics a cambio nada. El producto de estas últimas se entregaba a los colccahuasi o almacenes del Estado, que después distribuían dicho excedente según las necesidades de los explotadores. Desapareció así totalmente el principio de la tributación.

En contraste con el coatequil impuesto por los mexicas a las tribus sometidas, Túpac instituyó la mita, aplicable a todos los campesinos del imperio pertenecientes a determinado grupo de edades. Los mitayos tenían que trabajar gratuitamente dos o tres meses al año en la construcción de carreteras, canales, terrazas, fortificaciones, templos, palacios, y grandes obras. Asimismo, cada comunero, en determinada etapa de su vida, debía servir en el Ejército, que en tiempos normales absorbía el diez por ciento de la población masculina.

Huayna fue designado Sapa Inca por Túpac. Era hijo suyo con su propia hermana, considerada una réplica del divinizado monarca y por lo cual solo con alguien como ella podía religiosamente desposarse. El joven comenzó a gobernar en 1493 y transcurrió poco tiempo antes de que acometiese la costumbre de beneficiar a sus favoritos con donaciones de terrenos, que segregaba de *las tierras del Inca*. Dichas extensiones se transmitían hereditariamente, pero no se podían enajenar ni subdividir. En realidad, esto no significaba más que una alteración en la forma de distribuir las cosechas, pues para los agraciados cesó la práctica de percibir el sustento de los colccahuasi, ya que en el futuro debían obtener todos sus alimentos de los suelos recibidos; el cultivo de estos lo seguían realizando los purics, atados siempre a su ayllú, y sin que percibiesen incentivo económico alguno ni en parcelas ni en especies. Por ello, no se alteraban todavía las relaciones de producción.

Huayna Cápac tuvo que doblegar sublevaciones de los caranques y de los pobladores de la isla de Puna, en el golfo de Guayaquil, todavía leales al shyri. Este, aún incapacitado, entregó la dirección de la defensa a su hija Huallara, la Paclla, famosa por su notable belleza y gran valor, cuyo principal bastión era la fortaleza de Cochasqui. Contra ella Huayna dirigió todas sus fuerzas, en una inmisericorde ofensiva que terminó con su victoria y la captura de la excepcional mujer. Ante el gran jefe quechua solo quedaba la resistencia del shyri en la norteña fortaleza de Hatuntaqui, que pronto con furor fue atacada y sus defensores vencidos, entre ellos el propio Cacha, quien murió de un lanzazo en el pecho. Luego, la ofensiva continuó hasta las márgenes del río Angasmayo, donde se situaron las fronteras septentrionales del Tahuantinsuyo.

Vencedor, Huayna Cápac se desposó con la hermosa Huallara, de cuyo vínculo nació Huaypar Titu Yupanqui, más tarde conocido como Atahualpa, y de esa manera conformó en Quito una especie de segunda capital imperial, la cual tenía su propia élite cortesana. Esta rivalizaba con Cuzco, donde la Colla, hermana y esposa oficial del monarca, vivía con Huáscar, hijo de ambos. Desde entonces se desarrolló entre las dos ciudades una aguda pugna por preponderar. En esa época el Tahuantinsuyo no había superado la autosuficiencia comarcal y la especialización regional del trabajo alcanzaba niveles ínfimos, por lo que el intercambio de productos solo se realizaba mediante el trueque. Esa sociedad no tuvo comercio ni mercaderes, tampoco llegó a desarrollar un equivalente general del valor. Y, puesto que se prohibía viajar o cambiar de residencia sin orden oficial, los quechuas se encontraban unidos exclusivamente por mecanismos administrativos y de coacción. En síntesis, no existían entre las diversas regiones del Imperio fuertes vínculos económicos, ni sus partes estaban indisolublemente soldadas entre sí; la gran entidad estatal era nada más que un conglomerado de grupos supraestructuralmente unidos, poco articulado, con la facultad de separarse o unirse según los éxitos o derrotas de un conquistador, o de acuerdo con el criterio del gobernante de turno. La unificación de esos territorios podía deshacerse en cualquier momento ante la indiferencia de los campesinos, mayoría aplastante de la población, que vivía ajena a los sucesos acaecidos fuera de su reducido campo de acción.

En 1525, Huayna Cápac murió súbitamente. De inmediato, las mejores legiones incaicas, ubicadas en Quito, reconocieron como nuevo jefe despótico divinizado al hijo de Huallara. Dichas tropas, al mando de su primo Calicuchima, hijo de Epiclachima, y de Rumiñahui, hermano de Atahualpa, marcharon a enfrentar los contingentes que Huáscar había enviado en su contra. En Ambato, región central de Ecuador, se produjo el primer choque entre ambos ejércitos, en el cual los quiteños resultaron vencedores. Esto luego se repitió en Huamachuco, Quipa-hipa y Tomebamba, donde la batalla ocasionó treinta y cinco mil muertos y provocó el repliegue de los cuzqueños, derrotados nuevamente en las márgenes del peruano río Apurimac. Luego, en abril de 1532, durante el segundo día de combate en la llanura de Quipaypan, no lejana de Cuzco, el propio Calicuchima se apoderó de Huáscar y lo hizo su prisionero. Pero en vez de entrar en la rival sede imperial, el prudente Atahualpa decidió establecerse en Cajamarca, ciudad casi equidistante entre las dos urbes en conflicto. Se encontraba allí cuando por las costas del Tahuantinsuyo desembarcaron ciento ochenta castellanos encabezados por Francisco Pizarro.

3. Conquista europea de América

Expediciones marítimas portuguesas

Las expediciones marítimas lusitanas proliferaron a principios del siglo XV en diferentes direcciones. Hacia el norte de Europa, los comerciantes portugueses se establecieron en Normandía y Flandes, mientras hacia el sur respaldaron la conquista de Ceuta, con el objetivo de ampliar sus mercados en oro, esclavos y marfil; por el Atlántico meridional alcanzaron las islas Madeira en 1419 y las Azores, franquearon el cabo Bojador y llegaron a Senegal, para instalarse después en las islas de Cabo Verde. Gracias a dicho empuje, hacia mediados de siglo, la burguesía lusitana logró tener relaciones directas con los vendedores africanos de oro, a través del golfo de Guinea. A partir de ese momento el metal aurífero sudanés empezó a cambiar de ruta, pues en parte su exportación se reorientó hacia Lisboa en detrimento del reino árabe de Granada, su tradicional receptor. Este éxito fue complementado por la caída de Constantinopla en manos de los turcos en 1453, y el consiguiente encarecimiento del comercio veneciano, entorpecido en su propósito de mantener al mismo nivel su tradicional intercambio con la India. Acicateado por esos acontecimientos, Portugal gestionó y obtuvo de Roma bulas papales[1] que prohibían a los demás países cristianos entrometerse en sus expediciones marítimas por las costas sudafricanas, hacia el subcontinente hindú. Dicha ruta se convirtió en un coto cerrado; a lo largo de ella, el Papa concedía a la Corona portuguesa derecho a conquistar mares, tierras y minas;

le otorgaba todas las islas que hallara hacia el Oriente y el Mediodía; y le entregaba la administración de los beneficios eclesiásticos en todas las regiones que pudiera sojuzgar.

La gran cantidad de riquezas que llegaban a Portugal fortaleció mucho a la burguesía, en buena parte de origen judío. Esta preponderancia hebrea se debía a que la Iglesia condenaba a quienes especulaban con dinero, pues deseaba mantener su tradicional monopolio sobre la usura y actividades similares. Para atemorizar a los que tomaban parte en semejantes prácticas, los eclesiásticos les prohibían la entrada en sus templos. Pero como los semitas pertenecían a otra religión, no estaban concernidos por semejantes medidas cristianas. A pesar de esas disposiciones, la burguesía portuguesa atesoraba dinero, y con el fin de aumentar aún más sus ganancias, auspiciaba la reorganización de la Marina, único modo de hacer más rentables las costosas expediciones. Por eso los armadores abandonaban el uso de galeones y anticuadas galeras, para en su lugar emplear modernos, grandes y eficientes veleros con puente.

Al ocupar Juan II el trono lusitano en 1481, se facilitó que los burgueses expusieran sus quejas contra los feudales, que hasta entonces dominaran las Cortes.[2] A su vez, aquellos respaldaron al monarca, que impuso el absolutismo y apoyó a los comerciantes de Lisboa en sus esfuerzos por controlar el intercambio con Asia. Los beneficios de esta política se revelaron en 1483, cuando las avanzadas de los mercaderes lusitanos llegaron a la desembocadura del río Zaire, también llamado Congo. Tres años después, los portugueses doblaron el cabo de las Tormentas, al que redenominaron *de la Buena Esperanza*. El impulso a estos viajes se incrementó, cuando en 1492 la burguesía de Portugal acogió en sus filas a los judíos expulsados de Castilla, quienes se manifestaron a favor de financiar nuevas aventuras. Esta ventajosa situación indujo a la Corona lusitana a rechazar el proyecto exploratorio del ambicioso Cristóbal Colón, que proponía llegar a la India navegando hacia el oeste.

Juan II, el monarca absolutista lusitano que tanto apoyara a la burguesía comercial, murió en 1495. En el trono le sucedió su hermano y enemigo político, Manuel I, quien deshizo la progresista alianza de su predecesor al propinar un duro golpe a la burguesía mercantil con la expulsión de los judíos del reino portugués. Mientras, se favorecía a la nobleza con la devolución del influjo de antaño y con el permiso de regreso a los hijos del duque de Braganza. Estos eran los jefes de la más importante casa feudal del país, que habían sido desterrados de Portugal por el anterior soberano. Al mismo tiempo, la Corona estableció negociaciones con la Iglesia católica, para que esta impusiera en sus dominios la temida Inquisición u órgano represivo eclesiástico.

La debilitada burguesía no logró impedir que el Trono se hiciera cargo de la expansión marítima en colaboración con extranjeros, dueños de grandes sumas de dinero. Este apoyo permitió a la Corona proseguir con las expediciones hacia la India, una de las cuales fue la de Vasco de Gama, quien zarpó del Tajo el 8 de julio de 1497 con cuatro navíos y llegó a Calcuta el 18 de mayo del año siguiente. Las inmensas posibilidades de comercio así abiertas, indujeron al monarca a establecer el estanco o monopolio real sobre la pimienta mediante la llamada Casa de India, que produjo enormes ingresos. Esto motivó que la Corona lusitana relegara a un segundo plano el interés de navegar hacia occidente, pues al vender en Europa las especias hindúes, el rey portugués multiplicaba por veinte su precio de compra.

Unión de Castilla y Aragón: Los Reyes Católicos

Mientras, en la propia península Ibérica, en 1474 se producía la unión dinástica entre los reinos de Castilla y Aragón, que en realidad nada alteró las relaciones entre los dos Estados; cada uno mantuvo su propia organización tradicional, pues los vínculos unitarios, además de los personales entre los monarcas, estaban exclusivamente representados por la Inquisición. Este Tribunal del Santo Oficio enjuiciaba los delitos de apostasía y cualquier otro que se considerase que pudiera conspirar contra la fe católica; tenía sus cárceles y efectuaba los procesos en secreto sin decir los nombres de los denunciantes o de los testigos. En contraste, a los acusados les exigía revelar quiénes habían conocido del supuesto pecado o habían sido sus cómplices, información cierta o falsa, que obtenía mediante tormentos. Esa práctica reflejaba la moral clerical, pues el Derecho Canónigo consideraba la tortura como un elemento legal y básico; la filosofía de dicho código planteaba que los referidos procesos jurídicos debían ocasionar el quebrantamiento físico y moral del reo, no en busca de una confesión sino con el objetivo de infligir el mayor sufrimiento posible, para que por medio del máximo dolor el acusado encontrara el arrepentimiento susceptible de conducirlo al perdón de Dios. Dicho Tribunal del Santo Oficio partía también del precepto de que al iniciar un juicio debía obligatoriamente encontrar un culpable, cuya pena más leve era el uso perpetuo de un sambenito o capotillo distintivo, la prisión, la hoguera o el descuartizamiento, así como la confiscación parcial o completa de los bienes poseídos. Estos, una vez traspasados a la Iglesia, no tenían posibilidad alguna de ser devueltos, aunque la expropiación hubiera sido efectuada por error.

La Inquisición fue implantada en 1478 a solicitud de los Reyes Católicos, Fernando e Isabel, con un solo inquisidor general y un único Consejo Supremo. El establecimiento de ese Tribunal del Santo Oficio en tierras aragonesas produjo revueltas, a pesar de que en ese reino un aparato represivo similar había sido implantado antes para suprimir la herejía albigense.[3] La diferencia entre ambos tribunales estribaba en que el nuevo, por completo bajo control real, combinaba el poder religioso con el del Estado, y el anterior, no.

Esta oficialización ideológica de la Iglesia católica fue compensada por Roma, al reconocer un incremento del poderío monárquico sobre el eclesiástico. Incluso, mediante el Patronato de 1482, el Papa restringía su autoridad y convertía a la Corona en el gran señor de las órdenes clericales. Con tan apreciados, colaboradores la reina Isabel pudo fortalecer los fueros[4] citadinos, por lo cual las urbes formaron entonces la Santa Hermandad o especie de unión dedicada a implantar una administración real. Aunque desde entonces mermó la preponderancia de la nobleza, la mesta u organización que aglutinaba a los dueños de ovejas siguió teniendo una fuerza considerable. Esta realidad se evidenció cuando los comerciantes de Aragón creyeron que había llegado el momento de lograr la articulación económica de la península; deseaban exportar tejidos, hierros, coral y especias a Castilla, e importar de allí lanas y cereales meseteños. Pero los feudales que controlaban la ganadería trashumante lo impidieron; temían admitir en pie de igualdad a los mercaderes aragoneses en las ferias de Medina del Campo, Villalón y Medina de Rioseco, donde ellos controlaban monopólicamente la compraventa de la lana. En resumen, las dos vertientes económicas continuaron separadas.

Dada la alianza dinástica establecida por los Reyes Católicos, el último enemigo que se alzaba frente a Castilla era el trono árabe o taifa de Granada, que se debilitaba cada vez más por el flujo del oro sudanés hacia los territorios cristianos y por las enormes parias que ya muy difícilmente les podía pagar. Estas eran tributos usuales en la prolongada era de la llamada Reconquista, durante la cual los reinos débiles tenían que pagar dichas imposiciones a los que eran poderosos.

Por fin, las gestiones diplomáticas más las contiendas bélicas vencieron en once años a los musulmanes. Después, los desposados monarcas ibéricos hicieron su solemne entrada en el Alhambra el 2 de enero de 1492. En ese marco de victoria, y para eliminar a un poderoso rival de los mercaderes castellanos, se dispuso la expulsión de los judíos. Sin embargo, al afectar —quizás involuntariamente— a uno de sus principales pilares, el golpe resquebrajó la ascendente vitalidad de la burguesía en dicho Estado.

En ese delicado contexto, las posibilidades del sector mercantil en Castilla, enfrascado en aguda lucha con comerciantes de Aragón y, sobre todo de Portugal, parecieron multiplicarse con la presencia del navegante Cristóbal Colón. Este genovés proponía un intrépido plan para llegar a la India navegando hacia el oeste, pues afirmaba que sería una ruta más corta hacia las especias.

El proyecto del aventurero interesó a Isabel, quien encontró el apoyo financiero de los hermanos Pinzón, armadores de Palos; de algunos mercaderes de Cádiz y de ricos banqueros genoveses, como Pinelo, Di Negro y Doria.

Capitulaciones de Santa Fe y viajes de Colón

Las Capitulaciones de Santa Fe, el pacto mercantil más ambicioso de la época, abrieron las puertas al viaje de Colón, quien zarpó el 3 de agosto para las Canarias, bajo el estandarte de Castilla, y de allí salió rumbo al temido mar de los Sargazos. El 12 de octubre divisó tierra en las Bahamas, donde se apoderó de varios aborígenes —a quienes llamó indios— para que lo guiasen hacia el sur, que pensaba abundante en oro, piedras preciosas y especias. Navegando sin rumbo fijo llegó a Cuba, donde los europeos vieron por primera vez el tabaco, la patata y el maíz, pero no los tesoros codiciados. Después, los navegantes cruzaron el Paso de los Vientos y desembarcaron en Quisqueya, a la que llamaron La Española. Un accidente, ocurrido días más tarde en la costa norte de la isla, determinó la fundación de la primera colonia. Sucedió que la *Santa María* había encallado, y, dada la poca capacidad de las otras dos naves, se construyó con los restos del buque varado un fortín donde quedaron treinta y nueve hombres. Los demás se vieron obligados a regresar a Castilla, adonde llegaron el 15 de marzo de 1493.

Isabel, junto con Fernando, dispensó a Colón un caluroso recibimiento. Al tener un detallado recuento del audaz viaje, los monarcas recurrieron a Roma para que prohibiese a otros países entrometerse en la navegación castellana hacia la «India» por el Poniente. Entonces el Papa concedió a Castilla el derecho de conquista de todos los mares, tierras y minas al oeste de una línea imaginaria que debía situarse en las costas occidentales de las Islas Azores y Cabo Verde.

La hábil negativa del rey de Portugal a aceptar la bula pontificia, no impidió que Colón viese ratificadas las Capitulaciones de Santa Fe, que lo reconocían como *almirante de la mar océana* y virrey de las tierras que sometiese.

Colonización de La Española

En Castilla, muy pronto se empezaron a organizar dos expediciones. Una, debía culminar la conquista de las Canarias con la ocupación de las ínsulas de Tenerife y Palma, pues la importancia del archipiélago se multiplicaba con el hallazgo hecho por el ahora famoso aventurero. Otra, de carácter mercantil, debía fundar factorías encargadas de comerciar con los aborígenes en La Española.

La Corona, que se había reservado el monopolio del comercio, dio a Colón plenos poderes para ejercerlo, tras lo cual se apresuraron los preparativos para permitir al agresivo almirante zarpar de Cádiz el 25 de septiembre de 1493. Así, diecisiete buques, mil hombres a sueldo, más de trescientos que viajaban por voluntad propia, todos maravillados por los relatos de las riquezas inigualables y hermosas mujeres desnudas, se embarcaron con él. Había decenas de caballeros e hidalgos, gentileshombres de la Casa Real, doce sacerdotes y un vicario designados por el Papa como cabeza de la Iglesia en el Nuevo Mundo. Las naves llevaban asimismo un cargamento de provisiones y mercaderías para el trueque por oro que pensaban realizar con los indígenas. También ganado mayor y menor, herramientas para edificar una población, armas, municiones, semillas europeas.

Colón atravesó el Atlántico, en esta oportunidad en solo veinte días; recorrió las pequeñas Antillas, Puerto Rico y ancló en Quisqueya, donde encontró en ruinas el fortín que hacía un año había construido. Los aborígenes lo habían arrasado en respuesta a los desmanes y violencias cometidos por sus agresivos moradores. Después, para iniciar la construcción de la primera factoría, llamada La Isabela en honor a la reina: se levantaron unas doscientas cabañas, techadas con hierba; se sembraron legumbres, que crecieron con asombrosa rapidez, mientras los animales llegados en los buques, empezaban a engordar mucho en los tiernos pastos de la llanura antillana. Pero nadie pensaba en organizar una vida laboriosa orientada hacia el fomento de haciendas o la cría de ganado ni en la instauración de un clima de amigable convivencia con los naturales de la isla. Todos miraban hacia la prometedora y desconocida tierra con dos objetivos fijos: oro y mujeres.

Con el fin de cumplir los propósitos del viaje, se despachó a la Cordillera Central una expedición que en su marcha torturó con fiereza a un cacique desobediente y aterrorizó a la población de la aldea, robó todo el oro que pudo, violó mujeres e hizo prisioneros. Después, regresó a La Isabela, donde Colón decidió ejecutar a varios de los indios presos para escarmiento de los que no cumplieran los designios de los conquistadores. Luego, las riquezas auríferas arrebatadas se enviaron a la península Ibérica.

Una vez que organizó la administración local, a cuyo frente puso a su hermano Diego, el almirante zarpó hacia Jamaica. Al no encontrar allí oro, se dirigió al sur de Cuba, pero sin hallar riquezas ni posibilidades de comercio con los atrasados aborígenes de la Gran Antilla, decidió el regreso a La Española.

En La Isabela, los malos tratos de los recién llegados provocaban la desconfianza de los indígenas; los abusos cometidos por los conquistadores causaban la repulsa total de aquellos hombres de la comunidad primitiva, que en consecuencia se negaron a seguir cooperando con los invasores y no les entregaron más tubérculos ni frutos. Así, los alimentos traídos de Castilla tocaron a su fin, pues solo quedaba trigo sin moler.

Durante una ausencia nueva del almirante, los ibéricos vivieron un período de miserias tal, que para no morir de hambre comían culebras, lagartos y hasta ratas, pues hacía tiempo el ganado traído había sido sacrificado. En esas circunstancias, llegaron a la isla tres naves de refuerzo. Ante la inesperada visión, muchos caballeros, hidalgos y descontentos en general, comidos de niguas, con bubas, famélicos, se apoderaron de los buques y se dirigieron a Castilla con las noticias más desalentadoras acerca de la incipiente factoría.

De regreso nuevamente a La Española, Colón encontró su obra paralizada, pues cundía el desaliento. Temeroso por su empresa mercantil, acometió en marzo de 1495 una campaña de conquista en la cual castigó con crueldad a los indios porque se resistían a entregarle sus alimentos. Resultaba que un castellano comía en un día más que varios aborígenes en un mes, de modo que pronto se agotaban las provisiones de los conucos.

Finalmente, concluidos diez meses de operaciones, el agobiado almirante consideró dominado el territorio. Su expedición hizo más de mil seiscientos prisioneros, hombres y mujeres, de los cuales envió quinientos cincuenta a Castilla para venderlos como esclavos. A los demás indios les impuso el pago de tributos en oro y algodón, pero el gravamen resultó demasiado pesado para los quisqueyanos, pues a causa de su deficiente alimentación, carecían de fuerzas necesarias para soportar aquel desacostumbrado régimen de trabajo. Además, sacaban mal el oro, que nunca habían sabido laborar, y cultivaban peor la tierra con sus primitivas coas. Entonces, desesperado, Colón les impuso trabajos forzosos. En esas circunstancias, la población nativa, que no podía comprender las razones existentes para que se le maltratara de aquella manera —ni estaba dispuesta a aceptarlo—, huyó hacia los montes, donde muchos se aprestaron a combatir al invasor con los rudimentarios medios de que disponían. Al mismo tiempo, los adultos que no lograban escapar, mataban a sus hijos y después se suicidaban, individual o colectivamente; preferían la muerte a la sumisión, pues no encontraban manifestación de rechazo más absoluto a la explotación que trataban de imponerles los ibéricos. Además de los suicidios, las enfermedades traídas por los europeos, el hambre y los envíos de aborígenes a Castilla en pago por las mercaderías recibidas, produjeron graves efectos demográficos por la acelerada disminución de los indígenas, con la consecuente escasez de fuerza de trabajo explotable. A pesar de esos inconvenientes, el desmedido amor de Colón por el lucro logró que se iniciara la exportación de mangle o palo tintóreo, utilizable como colorante, el cual se comenzó a procesar en dos factorías. Una pertenecía a la Corona y otra a él, único socio de la reina en el negocio de las Indias.

Después de recibir los primeros ingresos por concepto de esas ventas, Colón pagó los salarios atrasados y se dispuso a regresar a la Península para dar cuenta de sus actividades. Nombró a su hermano Diego como adelantado[5] de la colonia, y zarpó en marzo de 1496.

Tratado de Tordesillas

Dos años habían transcurrido desde la firma, el 7 de junio de 1494, del Tratado de Tordesillas entre Castilla y Portugal, el cual había acordado que hasta una línea imaginaria situada a trescientas setenta leguas al oeste de las islas de Cabo Verde, las tierras pertenecerían al rey lusitano, mientras que las situadas más allá de esa línea serían de la reina castellana. Esto zanjó el conflicto entre las dos Coronas, por lo cual la castellana culminó la conquista de las Canarias, apropiada base intermedia para el comercio con La Española. Pero desde esta llegaban noticias alarmantes: parecía haber poco oro y no tenía especias, a nadie encontraban para comerciar y los gastos de la empresa superaban en mucho sus exiguos beneficios. En esa coyuntura, Isabel decidió violar el contrato de Santa Fe, y en 1495 autorizó a un florentino a viajar a las nuevas tierras con el fin de que desarrollara el tráfico mercantil. En adición, promulgó un nuevo edicto que permitía a cualquier armador aparejar barcos que realizasen expediciones hacia occidente, excluida La Española, con el objetivo de encontrar oro, especias y otras riquezas para comerciar.

La medida suscitó tan grandes protestas entre los mercaderes del reino, que la Corona no solo se vio obligada a dar marcha atrás sino que, además, en ese mismo año tuvo que otorgar a todos los castellanos, y exclusivamente a ellos, el derecho de negociar con las Indias. El único requisito indispensable era el de utilizar a Cádiz como puerto de entrada y salida de mercancías.

Al regresar a Castilla en 1496, Colón encontró que los burgueses autorizados a traficar directamente con América rehusaban arriesgar el dinero en nuevos viajes suyos. Entonces, para exigir el cumplimiento de lo pactado en las Capitulaciones, se presentó en las Cortes, donde con enérgicas protestas logró la revocación de las concesiones que lo perjudicaban. Pero quedaba el problema de hacer menos gravosas, si no rentables, las factorías.

Para disminuir el costo del negocio, el almirante propuso a la Corona enviar presidiarios para trabajar durante un tiempo a La Española, a cambio de la conmutación de sus penas. Estos hombres tomarían el lugar de la gente que se encontraba a sueldo en América, práctica que resultaba demasiado cara. Isabel aceptó, y además decidió otorgar indulgencia a todos los que desearan ir sin salario a las Indias, para que pudieran apropiarse de un tercio del oro que hallasen, con tal de que le entregaran el resto. Por último, la reina facultó a Colón para repartir tierras a los que desearan avecindarse en la isla, pues, desilusionada con su factoría, quería transformar La Española en colonia organizada según los patrones aplicados con éxito en las Canarias.

El principio adoptado fue el de considerar que el suelo y el subsuelo pertenecían siempre a la Corona. Por ende, el dominio privado sobre cualquier tierra sería en virtud de una gracia o merced real. Tendrían un carácter gratuito y serían entregadas, según el beneficiado fuese hidalgo o no, en caballerías y peonías.[6] Cinco de estas equivalían a una de aquellas, y se distribuían acorde con el mérito del individuo que las recibiera, o a juicio de quien las repartiera.

Mucho trabajo le tomó al almirante armar una tercera y pequeña expedición, hasta que pudo con seis menudas embarcaciones levar anclas el 30 de mayo de 1498. Entonces tres navíos se dirigieron a La Española, mientras los restantes, bajo el mando directo de Colón, navegaban hacia las islas de Cabo Verde, donde giraron al oeste por la línea del Ecuador.

El almirante divisó la isla de Trinidad el 31 de julio, y al día siguiente cruzó el estrecho que la separa del Continente. Llegó a la península de Paria, retrocedió hasta el delta del Orinoco, torció al noroeste, dio con la isla de Granada, pero desembarcó en la de Margarita, en la cual los tripulantes cambiaron a los indios baratijas por perlas. Luego de explorar unos trescientos kilómetros de la costa continental sin encontrar oro ni alimentos, la flotilla se dirigió al sur de Quisqueya, divisada el 31 de agosto. Allí supo Colón de los importantes acontecimientos ocurridos en la isla durante su ausencia.

Su hermano había establecido un régimen muy personalista, mal soportado por los castellanos pues beneficiaba a sus partidarios y discriminaba a todos los demás. Los ánimos habían llegado a tal punto, que el alcalde mayor de la factoría, nombrado por el almirante antes de su última partida, se había rebelado contra el autoritarismo local y proclamado su lealtad y adhesión a la Corona.

Dicha causa obtuvo el respaldo de la mayoría de los hambrientos castellanos del tercer estado, es decir, de los que no eran nobles ni sacerdotes, quienes se unieron a su causa. También muchos aborígenes se sumaron a esta, porque para atraerlos, el caudillo anunció la abolición de los tributos impuestos por Colón.

El jefe rebelde acusó a su enemigo genovés de haber transgredido las tradicionales libertades y derechos castellanos, de los cuales se declaró defensor. Después, el alcalde y sus partidarios marcharon a Jaragua, donde escogieron mujeres y tierras, e iniciaron la práctica de obligar a los aborígenes a trabajar para ellos, cultivando los suelos de incipientes haciendas, actividad en la que los indios no fueron muy eficaces. Algo semejante hizo Diego Colón, pues con el propósito de estimular a quienes le habían permanecido leales, les donó indígenas y terrenos. A la vez, el adelantado continuaba percibiendo para su familia los tributos que gravaban a los nativos, y seguía enviando a muchos de ellos a Castilla para sufragar los gastos de lo que desde allá se importaba. Esto se encontraba vinculado con la preocupación fundamental de Cristóbal Colón: que no se le escapara de las manos el negocio de las Indias. Tenía el propósito de vender ese año a Europa cuatro mil esclavos oriundos de Quisqueya, a mil quinientos maravedíes la pieza. Calculaba que lo obtenible con esas ventas, más los ingresos por la exportación del palo de Campeche, le permitiría entregar a la Corona una suma dos veces y media superior a la que había costado su tercera expedición.

En cuanto al revoltoso alcalde, la primera idea del almirante fue reducirlo por la fuerza, pero de inmediato se percató de que ni siquiera la gente que había permanecido fiel a su hermano estaba dispuesta a perseguirlo, pues entre los del estado llano el jefe rebelde tenía enorme influencia. Incluso, muchos hidalgos le habían otorgado sus simpatías. La situación se complicó todavía más cuando la mayoría de los llegados en el último viaje aprobaron la conducta del caudillo, así como su defensa de las tradicionales libertades castellanas. Colón tuvo que ceder. A fines de 1498, concedió a los sublevados todo cuanto pedían: restituyó en el cargo de alcalde mayor al cabecilla de los insubordinados; pagó los sueldos atrasados a los participantes del motín, aun cuando hiciese dos años que no trabajaran en las obras de la factoría; repartió mercedes de tierra a los que desearon avecindarse y aceptó que los indios sojuzgados fuesen considerados propiedad de quienes los explotaban.

Lo acordado por Colón, en especial el último acápite, iba más allá de lo estipulado por la Corona sobre política de colonización, ya que la reina no estaba dispuesta a permitir que los aborígenes perdiesen la condición jurídica de vasallos libres, pues su poderío mermaría en relación con el de los conquistadores. Por ese motivo, y para decidir quién tenía razón en el problema del conflicto de autoridades surgido en la isla, se envió allí como juez pesquisidor al comendador de la Orden de Calatrava, Francisco de Bobadilla.

Por si esto fuera poco, el recién terminado y exitoso viaje de los portugueses a la India en 1498, demostraba a la reina castellana que el gran almirante no había llegado a dichas tierras asiáticas. No tenía derecho él, por lo tanto, a ejercer el monopolio comercial establecido. Para retirar al marino-aventurero las prerrogativas que le habían sido otorgadas, Isabel instruyó a Bobadilla que despojase a Colón de la gobernación de la isla y lo remitiese a la península ibérica, pues el temerario explorador se había convertido en un obstáculo para la expansión de Castilla por América.

Después, la Corona se asoció con burgueses castellanos, autorizados nuevamente a organizar sus propios viajes mercantiles a condición de que le brindasen una buena participación en los beneficios.

La primera expedición se llevó a cabo en 1499, financiada por un famoso banquero sevillano, y bajo el mando de quien antes había sido piloto de los tres viajes de Colón. La pequeña nave, de cincuenta toneladas y treinta y tres tripulantes, alcanzó el golfo de Paria a través de la Boca de la Sierpe. A falta de algo más lucrativo, el buque cargó palo tintóreo; navegó después por la Boca del Dragón, y, rozando la península de Paria, llegó a la isla Margarita, donde a duras penas logró realizar un trueque mudo con los indios pescadores de perlas. Tras orillar la península de Araya, la expedición entró en el golfo de Cariaco; entre sus costas y el cabo de Codera pudo obtener, por nuevo trueque, pequeñas cantidades de oro y perlas. Pero el comercio era tan escaso, y tanto el peligro ofrecido por las guerreras tribus de los cazadores de la región, que la empresa mercantil se suspendió.

Casi al mismo tiempo, una segunda expedición castellana zarpó hacia América. Bordeando el litoral hacia el noroeste, los buques llegaron al delta del Orinoco, y penetraron luego en el lago Maracaibo. Pero al verse escasos de provisiones, y sin haber realizado prácticamente comercio alguno, los navegantes regresaron a Europa previa escala en La Española.

Dominio lusitano de Brasil

El primer viaje por el litoral de Brasil fue realizado por un famoso armador de Palos, que en febrero de 1500 llegó al extremo oriental del continente y tomó posesión de esas tierras para entregárselas a Castilla, en un acto que el Tratado de Tordesillas despojaba de todo valor jurídico. Navegando rumbo al noroeste, el armador llegó hasta la misma boca del Amazonas, luego retrocedió a Guyana y, bordeando las Antillas Menores sin lograr comerciar ni encontrar riquezas, arribó a La Española.

Otra expedición castellana hizo poco después un viaje semejante al anterior, pero llegó hasta el saliente oriental de Sudamérica. Como por dichas regiones los aborígenes también se encontraban en la comunidad primitiva, los comerciantes marinos no encontraron con quien intercambiar mercancías. Se dedicaron entonces a cazar indígenas en las islas del delta amazónico y por el golfo de Paria, para venderlos como esclavos en la península Ibérica, adonde regresaron en el otoño de 1500.

Por su parte, los portugueses llegaron a las costas brasileñas sin proponérselo a principios del siglo XVI, cuando un buque lusitano que había zarpado hacia las Indias Orientales, al tratar de eludir las calmas chichas de la costa africana, se internó en el Atlántico, donde una tormenta lo desvió hasta Brasil.

Los navegantes toparon tierra el 22 de abril de 1500, y llamaron a aquellos parajes Vera Cruz, después dirigieron la nave hasta Porto Seguro, sitio en que fueron recibidos con hospitalidad por los aborígenes. Pero al no lograr intercambio comercial alguno, pues las poblaciones locales se encontraban en el neolítico, los desencantados portugueses retomaron su ruta original.

Al poco tiempo, el monarca lusitano juzgó prudente autorizar a un comerciante florentino para que estableciese un negocio en sus dominios americanos. El intento inicial fracasó, pero otro fue exitoso en 1503, y así, cerca de Porto Seguro se fundó una factoría para explotar un palo tintóreo, cuyo color rojo asemejaba a las brasas, por lo que fue conocido como palo brasil.

La Corona de Castilla, por su parte, dio permiso a una expedición sevillana en 1501, para que comerciara con América. Los navegantes surcaron la costa meridional del mar Caribe y exploraron mil kilómetros del litoral, hasta el istmo de Panamá, sin encontrar ninguna posibilidad mercantil. Los moradores de las zonas recorridas no estaban aptos para realizar trueques de importancia, por lo que los defraudados negociantes se dirigieron a La Española, donde abandonaron sus inservibles barcos.

Los reiterados fracasos de los burgueses castellanos exasperaban a la reina Isabel que, indignada ante la posibilidad de que el comercio con la India permaneciese en manos de la Corona portuguesa, financió la cuarta expedición de Cristóbal Colón, ya liberado de cargos. El almirante, sin embargo, tenía que abandonar sus deseos de rápido enriquecimiento y comprometerse a encontrar una ruta marítima que, por occidente, lo llevara hasta el Asia Meridional.

Con este propósito Colón zarpó de Cádiz en mayo de 1502; desembarcó en La Española, bordeó luego la costa meridional de Haití, torció rumbo a Jamaica, y el 30 de julio divisó la isla Guanaja, del grupo de las Bahía, donde tuvo un encuentro imprevisto con una embarcación maya de veinticinco remeros, que pertenecía a uno de los estadillos yucatecos.

Los navegantes americanos iban cargados de ricos paños, vestidos, hachas y campanillas de bronce, vasijas de cobre y de madera, espadas rematadas en agudos pedernales. Pero Colón, ofuscado por la idea de aprovechar la oportunidad de reivindicarse ante la reina, no concedió importancia a las posibilidades comerciales del encuentro. Continuó rumbo al sur, hasta dar con tierra firme por Centroamérica, donde navegó por todo el litoral hasta el golfo de Darién. Pero comprendió que era inútil seguir buscando hacia el este un estrecho que lo llevara al Asia, y decidió regresar a La Española. Mas no llegó. En Jamaica, sus buques naufragaron. Así terminó el cuarto y último viaje de Colón.

Decepcionada por la falta de resultados beneficiosos a sus costosas expediciones, la burguesía comercial castellana fue perdiendo interés en el negocio de las Indias. Esto facilitó el deseo de la Corona de incrementar su participación en los exiguos ingresos que producía América, por lo cual en 1503 la reina Isabel pudo fundar, sin mayor oposición, la Casa de Contratación en Sevilla, la que rigió en lo adelante las relaciones mercantiles de Castilla con el Nuevo Mundo.

La peculiar institución actuaría como centro de gobierno y tribunal de los tratos comerciales, navegación y pasajes; contaría en los puertos americanos con corresponsales o factores; dispondría de una oficina hidrográfica y de una escuela de alta marinería dirigida por un piloto mayor.

Poco después de emitir estas disposiciones, el 25 de noviembre de 1504, la monarca castellana murió.

Conquista de México por Cortés

Veinticinco años después de la llegada de Colón a América, los conquistadores ibéricos solo se habían establecido en las grandes Antillas, el istmo de Panamá y en la pequeña factoría de Porto Seguro, en la costa de Brasil. Algunas exploraciones habían ampliado estos horizontes al dar a conocer al Viejo Mundo la península de la Florida, y otras, como la de Juan Díaz de Solís en 1516, las costas atlánticas de Sudamérica hasta el Río de La Plata. Pero nada más. El nuevo continente aún se presentaba a los europeos como una remota tierra, llena de peligros, sin grandes riquezas, donde no valía la pena arriesgar la vida.

Esa apreciación empezó a cambiar cuando una expedición castellana dedicada a cazar indígenas vio, por primera vez en 1517, las grandes edificaciones de piedra construidas por los aborígenes de Yucatán. La noticia estremeció a Diego Velázquez, gobernador de Cuba, y su conquistador en 1511. Velázquez comprendió que se había encontrado una importante civilización desconocida por los europeos. Pronto, con los recursos obtenidos en la isla, se preparó la conquista de los nuevos territorios. Tras el fracaso de un primer intento debido a la indecisión del jefe, otra flota zarpó de Cuba en febrero de 1519 con poco más de seiscientos hombres. Al frente iba Hernán Cortés. Este desembarcó en las actuales costas mexicanas, donde fundó la villa de Vera Cruz, y en ella constituyó cabildo, instancia administrativa para los castellanos, tras lo cual se erigió capitán general y así rompió sus relaciones con Velázquez. En los alrededores, los aventureros entraron en contacto con los totonacas, tribus recién sojuzgadas por la Confederación Azteca. Los vínculos de dependencia de aquellos hacia esta, hicieron comprender a los conquistadores que se encontraban ante un fenómeno parecido al de las parias, que habían surgido durante la Reconquista cuando los reyes de las taifas pagaban tributos a los cristianos, para que los protegiesen de los rivales estadillos árabes. Pero cuando las exigencias de los protectores se convertían en excesivas, los hispanomusulmanes pedían ayuda a África. Entonces, del territorio marroquí partían nuevas oleadas de guerreros, que defendían a sus hermanos de fe a cambio de gravámenes más pequeños.

El recuerdo de aquellos cambios de lealtad en busca de defensores más convenientes hizo que los castellanos repitiesen la interesante experiencia. Tuvieron tanto éxito en atraerse a los distintos grupos de aristócratas sojuzgados por la Confederación, que la nobleza de Tenochtitlán decidió establecer un compromiso con el reducido grupo de intrusos; creyó que la tarea de centralizar el imperio en ciernes sería facilitada por su asociación con los extranjeros, que poseían cuarenta y cinco novísimos mosquetes y desconocidos animales de monta: dieciséis caballos.

De no lograr un acuerdo la ciudad hegemónica tendría que arriesgarse a una guerra contra los invasores y sus aliados, las antiguas tribus sojuzgadas, opción que no resultaba atrayente pues las consecuencias de semejante conflicto resultaban imprevisibles.

Los ibéricos pronto arribaron a Tlaxcala, ciudad-Estado independiente, donde tuvieron que combatir con fiereza. La lucha solo cesó cuando los recién llegados hicieron ver a la aristocracia tlaxcalteca las conveniencias de aliarse contra la Confederación. De esa manera, se formaron unas poderosas fuerzas que, comandadas por Cortés, llegaron el 8 de noviembre de 1519 ante el supremo jefe azteca, quien les dio la bienvenida y los acogió bajo su protección. Para el asombro de la clase explotadora tenochca, Moctezuma en vez de pactar con los castellanos se sometió a ellos.

En Tenochtitlán, Cortés recibió la noticia del arribo a Vera Cruz, de una expedición con mil quinientos hombres al mando de Pánfilo de Narváez, enviada por Velázquez para arrestarlo. Entonces

Cortés dejó a Pedro de Alvarado al mando de la ciudad y marchó a combatir a Narváez. Tras derrotarlo, sumó las tropas vencidas a sus fuerzas y regresó a Tenochtitlán. Allí, durante su ausencia, Alvarado había realizado, sin causa alguna, la degollina de un grupo de desprevenidos aristócratas mexicas, quienes habían confiado en su autorización para celebrar una festividad. Dicha matanza engendró una violenta repulsa de la nobleza indígena que Moctezuma trató de aplacar. Entonces, la casta militar dirigida por Cuautemoc, casado con una hija del Tlacatecutli, llevó a cabo el apedreamiento del repudiado jerarca durante su alocución pública. Así murió quien había soñado erigirse emperador.

La violenta insurrección forzó a los castellanos a retirarse precipitadamente de la ciudad en la célebre Noche Triste del 30 de junio de 1520. A duras penas pudieron escapar. Durante dicho repliegue, para salvar la vida, Alvarado efectuó su famoso y enorme salto a través de cierto canal sobre las aguas del lago.

Cortés junto a los demás intrusos se refugió en Tlaxcala, donde se dedicó a reagrupar a todos los enemigos de la ciudad hegemónica. En la amplia y heterogénea coalición se unieron ibéricos, tlaxcaltecas, tribus sometidas por la Confederación, y sectores aristocráticos desplazados del poder en Texcoco, encabezados por Ixtlilxochitl, y Tlacopán. Todos pensaban alcanzar en la lucha sus objetivos particulares: los europeos anhelaban conquistar aquellos ricos territorios; los tributarios deseaban dejar de pagar los gravámenes; los alejados del poder querían retomarlo; las ciudades-Estado independientes se esforzaban por mantener su soberanía. Pocos imaginaban que el colofón de los combates sería la implantación de un nuevo orden, tanto económico, social y político, como religioso y cultural.

Más de ciento cincuenta mil indígenas y menos de un millar de castellanos se lanzaron a la toma de Tenochtitlán a principios de 1521, ciudad defendida heroicamente por Cuautemoc, el undécimo y último tlacatecuhtli, quien junto a sus hombres sostuvo ochenta y cinco días de heroica defensa. Después, la urbe sucumbió.

Una vez ocupada esta, Cortés pretendió ser un nuevo tlacatecuhtli. Mantuvo y aprovechó la estructura estatal azteca, y con grandes cantidades de soldados indígenas acometió, incluso, la conquista de territorios que la Confederación no había logrado ocupar. Después se empezaron a otorgar mercedes de tierra y encomiendas —distribución de aborígenes—, no solo a los conquistadores, sino también a la aristocracia indígena que se asociaba con el nuevo régimen. De esa forma, ponían en práctica la exitosa experiencia aplicada en las Canarias con los pobladores nativos, guanches, donde ambas gratificaciones se entregaron a los miembros de las clases explotadoras locales que habían colaborado con los conquistadores ibéricos.

Los más destacados representantes de la antigua élite aborigen azteca llegaron a recibir títulos nobiliarios que equiparaban su linaje al europeo. Por ejemplo, los descendientes de Moctezuma fueron hechos condes y nombrados grandes de España. Solo la casta sacerdotal perdió importancia, pues su religión fue sustituida por la de los frailes católicos, que realizaron una violenta penetración mística con el fin de impedir la creación de un vacío ideológico, peligroso para la supervivencia del sistema de explotación de unos seres humanos por otros. Así, los campesinos explotados, que nunca habían conocido la propiedad individual de las tierras que cultivaban, no vieron cambiar su situación; los castellanos tuvieron buen cuidado, al menos de inmediato, de que sus gravámenes no superasen los ya existentes. También velaron por la permanencia de los tradicionales caciques al frente de sus cacicazgos, siguiendo las normas del Código o Régimen de Sumisión surgido en la península Ibérica durante la Reconquista.

Ese conjunto de hábiles disposiciones permitió que en escasos meses de nuevo fluyeran las riquezas entre los antiguos privilegiados. Pero estos ahora las compartían con los recién llegados, quienes enviaban una parte de dichos tesoros a las arcas del primer soberano del recién constituido reino de España, Carlos I, nieto de los fallecidos Reyes Católicos.

Conquista de la civilización maya

Tras imponer su dominio sobre los territorios que había sojuzgado la Triple Alianza, Hernán Cortés dispuso que sus fuerzas penetraran en las actuales tierras guatemaltecas y hondureñas, donde se encontraban restos de la civilización maya clásica. Con ese fin, un grupo de aventureros dirigidos por el apuesto y cruel Pedro de Alvarado salió de México en noviembre de 1523, al frente de un ejército suministrado por la aristocracia azteca plegada a los conquistadores. Las tropas invasoras sometieron la zona de Xoconochco, y luego irrumpieron en el estadillo Quiché. Pequeño, combatiendo solo, poco tiempo pudo resistir el empuje de las poderosas fuerzas extranjeras, y sucumbió. Allí los invasores ocuparon la ciudad de Xelajú, hoy Quetzaltenango. Pero los aborígenes se reorganizaron y dirigidos por Tecún Umán enfrentaron al enemigo en los llanos de Paca, en una sangrienta batalla en la cual perdió la vida el valeroso jefe indígena en combate cuerpo a cuerpo con el propio Alvarado.

Dichos acontecimientos hicieron reflexionar a la élite gobernante del Estado cakchiquel acerca de la actitud que debían asumir ante los efectivos militares foráneos; sus soldados se encontraban en guerra con la rival nobleza de los tzutuhiles, y debían decidir con cuál bando pactar. Convinieron aliarse con los castellanos, cuyas fuerzas los ayudaron a vencer a la odiada ciudad vecina.

Transcurría el mes de julio de 1524 cuando los castellanos entraron en Yximché, capital cakchiquel, adonde habían sido invitados, y en la que establecieron el cabildo denominado Santiago de los Caballeros de Guatemala. De inmediato, el osado Alvarado cruzó el río Paz con doscientos cincuenta españoles y seis mil guerreros

mayas, que transitaron por Acatepeque y penetraron hasta Cuzcatlán, donde encontraron una resistencia muy arrojada. Ello decidió
al jefe de la expedición a regresar a Guatemala, aunque en Acaxutla
sostuvo otro combate con los fieros enemigos, quienes lo hirieron
en la rodilla y le dejaron una pierna más corta.

Meses después, por instrucciones suyas, los invasores retorna-
ron y avanzaron a través de la meseta, en la cual fundaron la villa
de San Salvador el primero de abril de 1525, tras evadir a los temi-
dos guerreros pipiles. Así, el heroico Estadillo de Cuzcatlán pudo
sobrevivir unos años más, hasta ser conquistado tras tenaz lucha
por fuerzas al mando de Diego Rojas y Alonso Portocarrero.

Triunfantes, los ibéricos se dedicaron a apropiarse de los tributos pagados por las tribus vencidas, pero no satisfechos con esos
ingresos, pretendieron imponer gravámenes a sus propios aliados.
Entonces la nobleza cakchiquel, sorprendida por el comportamiento de sus asociados, dirigió contra ellos una gran sublevación
en septiembre de 1524. Cuatro años duró la guerra, hasta que los
rebeldes aristócratas prefirieron entrar en componendas y com-
partir el plusproducto arrebatado a las comunidades campesinas,
antes que liquidarse como clase en la resistencia. Después vinie-
ron las mercedes de tierra y las encomiendas, en las cuales, por
supuesto, no fueron olvidados los explotadores aborígenes incorporados al nuevo régimen.

La familia de los Montejo —padre, hijo y sobrino— organizó
una expedición en La Española que zarpó en 1527 a conquistar
la península de Yucatán, pero no logró sus objetivos. Los invasores desarrollaron la guerra contra todos los aborígenes siguiendo
estrechas concepciones militaristas, sin analizar las peculiaridades
sociales de cada región. Trataron de ocupar cada estadillo, como
si se tratase de la toma de Tenochtitlán, pero careciendo de fuerzas aliadas locales. Al no sumar a sus filas a la nobleza de ningún

estadillo maya-tolteca, los castellanos, solos, tuvieron que llevar a cabo desgastadores combates. Sus caballos y mosquetes no evitaban que sufrieran constantes bajas y se desangraran sus fuerzas. Sucedía que tras someter a un pequeño Estado, el grueso de los efectivos tenía que marchar contra los vecinos, dejando en los territorios sojuzgados escasos destacamentos, insuficientes para mantener cualquier dominación. Y de nuevo la lucha resurgía. De esa manera, el proceso se repitió una y otra vez en cada paraje recorrido. Finalmente, cuando apenas quedaban cien hombres, los Montejo tuvieron que abandonar la empresa. El frustrado intento desprestigió tanto a sus organizadores, que les tomó tres años preparar otra expedición.

En el segundo empeño, los cuatrocientos castellanos participantes avanzaron estableciendo relaciones amistosas con las élites explotadoras de aquellos territorios. Con esa estrategia atravesaron el mayor y más importante Estado yucateco, Maní, así como el de los cupules, donde fundaron una villa en la zona de la abandonada Chichén Itzá, cubierta ya por las selvas. Pero como odiaban tener que trabajar para autoabastecerse, decidieron imponer tributos y encomiendas a las tribus de la vecindad, por lo cual la aristocracia aborigen de la zona se opuso y dirigió una violenta campaña bélica contra los recién llegados. Y de nuevo esos torpes castellanos se pusieron a combatir contra todos los indígenas, mientras las respectivas noblezas de aquellas ciudades-Estado relegaban sus diferencias, y coaligadas obligaban a los intrusos a retirarse de la península. Era el año 1534.

El segundo fracaso difirió la ocupación de Yucatán un lustro y medio. Hubo que esperar hasta 1541 para reiniciar los esfuerzos por ocupar los estadillos maya-toltecas. Sin embargo, en el tercer intento, los conquistadores analizaron con profundidad las peculiaridades de los Estados yucatecos, y las características de sus relaciones. Comprendieron entonces que existían serias pugnas entre las aristocracias de las distintas ciudades independientes, pues cada una pretendía imponerse sobre las demás. Esto permitió que en el nuevo empeño los castellanos establecieran alianzas con las noblezas de los más pequeños estadillos, para después atacar con esas fuerzas la poderosa urbe de los canules: Tihó. La ciudad poco pudo resistir ante una coalición tan amplia, por lo que fue derrotada y transformada en la villa de Mérida. El objetivo de esta medida era, mantener el tradicional centro de poder para facilitar la adecuación de los antiguos mecanismos de explotación a los intereses del nuevo régimen.

El éxito de esos conquistadores sugirió a la nobleza de Maní la conveniencia de llegar a un compromiso con los intrusos. Los caciques y tradicionales jerarcas mantendrían sus cargos, mientras Tutul Xiú, el halach uinic, se bautizaría para convertirse en Melchor, nuevo gobernador colonial de la mitad occidental del norte de la península. A cambio, sin guerra, los aristócratas compartirían con los castellanos sus riquezas. Con esa transacción el desequilibrio de fuerzas en contra de los estadillos aún independientes se hizo abrumador, debido a lo cual las ciudades de los cupules, cocomes, chetumales e itzáes constituyeron una tardía alianza defensiva. Pero las tantas veces postergada coalición no logró detener la ofensiva enemiga, y los aliados sucumbieron ante el ataque dirigido por los conquistadores en 1546. Después, como siempre, vino el proceso de entrega de mercedes de tierras y encomiendas, cuyos beneficiados fueron los castellanos y sus asociados explotadores nativos que se habían sumado al bando vencedor.

En Sudamérica, después del tercer viaje de Colón, las costas caribeñas fueron recorridas frecuentemente por castellanos asentados en La Española. Dichos aventureros cazaban indígenas para luego venderlos como esclavos en esa isla antillana, lo cual enardecía a los nativos y entorpecía que otros ibéricos colonizaran la llamada tierra firme. Ese fue el caso de Alonso de Ojeda, quien fracasó en

1509 en su intento de fundar un asentamiento en la bahía de Cartagena. Al año, otros realizaron empeños semejantes, aunque hacia Nueva Cádiz, situada en la árida isla perlera de Cubagua, donde llegaron a implantarse. A partir de allí, los hispanos se esforzaron en 1521 por fundar Cumaná, pero casi de inmediato la villa fue destruida por los iracundos aborígenes, debido a lo cual Jácome Castellón debió reconstruirla en 1523. Dos años más tarde, también el experimentado Rodrigo de Bastidas logró establecer en el litoral colombiano la colonia de Santa Marta.[7] Luego la Audiencia de Santo Domingo otorgó las islas de Curazao, Aruba y Bonaire a Juan de Ampués, quien desoyó dichas especificaciones y se asentó en la costa venezolana. Ahí fundó la villa de Coro en julio de 1527, convertida pronto en punto de partida de las expediciones que iban en busca del mítico El Dorado; en sus fábulas, los conquistadores denominaban así a las hiperbolizadas riquezas de los estadillos chibchas.

Carlos I de España y V de Alemania

Carlos de Habsburgo nació en Flandes, posesión de su abuelo paterno, monarca de Austria, y allí vivió hasta los dieciséis años, cuando falleció su abuelo materno Fernando de Aragón, quien fungiera como regente de Castilla tras la muerte de su esposa, la reina Isabel. El joven, que no hablaba castellano, marchó entonces a la Península acompañado de banqueros germanos como los Welser o los Fugger y comerciantes flamencos como los Ehinger —castellanizados Alfinger—; tenía por objetivo llegar a Valladolid y ser coronado como rey de España. Sin embargo, con antelación debía presentarse ante las Cortes y jurar los antiguos fueros, lo cual hizo de mala gana, pues pretendía transformar la monarquía en absoluta, y para ello necesitaba atacarlas, así como a los ayuntamientos. En definitiva, el heredero prestó juramento con el propósito de utilizar inmediatamente los recursos españoles para hacerse elegir emperador de Alemania, con el nombre de Carlos V. Dicha conducta indujo a las Cortes a pedirle que no otorgase a extranjeros derechos sobre América. Pero el novel rey contestó diciendo que él no hacía distingos entre sus súbditos, fuesen ellos españoles, flamencos o alemanes. La creciente irritación por las múltiples disposiciones reales de semejante índole, culminaron en un descontento generalizado en las urbes de Castilla, que defendían las libertades medievales frente a las ingerencias de un ascendente absolutismo. Por fin, la explosión tuvo lugar. Se constituyó la Junta Santa de Ávila y las ciudades convocaron a la Asamblea de las Cortes en Tordesillas, la cual dirigió al rey una protesta contra los abusos el 20 de octubre de 1520. El monarca respondió con la privación de sus derechos personales a todos los diputados reunidos en la famosa villa. Así, la guerra civil se hizo inevitable. Los comuneros llamaron a las armas, y el movimiento adquirió características antifeudales al incorporar a sus filas a las capas inferiores de las ciudades y una parte de los campesinos. Pero vencidos los insurrectos por fuerzas superiores en la batalla de Villalar el 23 de abril de 1521, las cabezas de los principales conspiradores rodaron por el cadalso al tiempo que desaparecían las antiguas libertades.

Conquista de Venezuela y Nueva Granada:
alemanes e hispanos

Una vez derrotada la resistencia armada de las urbes, el rey se dedicó a reducir sus prerrogativas municipales, recurso que provocó la rápida decadencia de su población, riqueza e importancia. Debido a ese proceso de debilitamiento, los burgueses pronto se vieron privados de su influencia en las Cortes, lo cual obró a favor del creciente poder absolutista. Este, en agradecimiento por los grandes empréstitos que le habían otorgado durante el conflicto armado, otorgó el 27 de marzo de 1528 a los Welser —castellanizados como Belzares— el derecho de conquistar y colonizar Venezuela. Dicho privilegio comprendía desde Maracapana hasta el Cabo de la Vela, a condición de que llevaran trescientos españoles y fundaran dos villas y tres fortalezas.

Con el objetivo de realizar en Sevilla el reclutamiento de soldados y pobladores que participaran en la expedición que preparaba, Jerónimo Sailler, apoderado general de los Welser en España, se asoció con Enrique Ehinger a principios de octubre, quien tenía en Quisqueya a un hermano llamado Ambrosio. Este dirigía una factoría germana en esa colonia y, por su experiencia en el Caribe, tomó el mando de la flotilla una vez que llegaron los cuatro buques a dicha isla y continuó hacia tierra firme.

Tras su desembarco por Coro en febrero de 1529, Ambrosio expulsó al no legitimado Ampués y estableció en dicha villa la capital de su gobernación. Luego se dedicó a saquear los poblados situados por la depresión de Maracaibo, la meseta de Segovia y la Sierra del Norte. Pero al no encontrar en ellos las ansiadas riquezas, se dirigió a la sierra de Perijá con el objetivo de cazar indígenas adultos —a los ancianos y niños les daba muerte—, que subastaría en el mercado de la costera ciudad a los compradores de esclavos, para las Antillas.

Durante la ausencia del gobernador, desde Coro salió en 1530 un centenar de hombres al mando de otro germano, Nicolás von Federman, encargado por los Welser de encontrar al legendario El Dorado. Este cruzó la meseta de Segovia, bordeó hacia el noroeste la cordillera de Mérida, y penetró por el valle del río Barquisimeto hasta Cojedes, en los Llanos del Orinoco. Enseguida torció al suroeste, pero no pudo recorrer más de cien kilómetros pues la resistencia indígena se lo impidió. Después, los fracasados aventureros regresaron a su punto de partida tras medio año de expedición.

Casi al mismo tiempo Alfinger regresó a la capital y acometió la preparación de otra partida, esta vez también en búsqueda de El Dorado. Con ella avanzó hasta el curso bajo del Cauca, donde el hambre, las enfermedades y sobre todo la resistencia indígena disminuyeron sus efectivos con celeridad. Esto lo forzó a retroceder, hasta que todos fueron aniquilados en las montañas que bordean el curso alto del río Zulia, afluente del Catatumbo, a fines de 1532.

Muerto Alfinger, con el aval de la Corona, los Welser designaron gobernador a Hans Seissen Hoffer, más conocido por los españoles como Juan Alemán, debido a su difícil apellido, cuya incapacidad no permitió que durase mucho en el cargo. Entonces lo sucedió en 1534 Hobermuth de Spira, quien organizó dos nuevas expediciones hacia El Dorado. Una, dirigida por Federman, salió por el oeste rumbo al curso alto del Meta. La otra, bajo su propio mando, tomó hacia el este y avanzó con cuatrocientos hombres hacia el río Portuguesa, cuyas orillas siguieron hasta las estribaciones de las cordilleras Mérida y Oriental. Después cruzaron múltiples cursos fluviales y llegaron a la fuente del Guaviare, pero en dicho sitio sufrieron tan aplastante derrota frente a los indígenas, que reconsideraron sus propósitos y decidieron retornar a Coro, adonde regresaron a fines de mayo de 1538 con el moribundo Spira, quien falleció poco más tarde.

Por su parte, la expedición de Federman se aproximó al altiplano neogranadino a través de la vertiente oriental de Sumapá, y luego siguió las aguas del río Fusagasugá hasta Pasca, donde, a principios de 1539, topó con una fuerte tropa castellana procedente de Santa Marta, en la costa caribeña actualmente colombiana.

Gonzalo Jiménez de Quesada, justicia mayor de una poderosa expedición que desembarcó en 1535 en Santa Marta, y en abril del siguiente año, acometió la conquista del territorio chibcha. Ya en el altiplano, Quesada se lanzó primero contra Musquetá, cuyo gobernante había ordenado a su población que se retirara de la ciudad-Estado y ocultara las riquezas. Después, en agosto de 1537, atacó los predios del zaque, llamado Chimichatecha, en Tunja, en el que los conquistadores dieron muerte a gran número de indígenas y se apoderaron de mucho oro. Más tarde acometió al iraca de Sugamuxi, quien reunía las máximas funciones religiosas y militares, donde el botín fue el mayor de cuantos hubieran capturado, debido a las riquezas que ornaban el templo principal. Así, ante los invasores solo quedó Bacatá, cuyo zipa, Tisquesusa, pereció en combate con los castellanos. Su sucesor, Zagesa, mantuvo la resistencia hasta ser capturado, tras lo cual padeció hasta la muerte las peores torturas, sin revelar el sitio de los tesoros aborígenes, reales o imaginados. Victorioso, el 6 de agosto de 1538, Quesada fundó cabildo en el centro urbano que redenominó Santa Fe de Bogotá. Allí se asoció con la élite explotadora nativa que le proporcionó una disciplinada tropa de doce mil guerreros. Con esa fuerza adicional, el autoproclamado gobernador de Nueva Granada enfrentó la diezmada hueste de Federman, a la cual neutralizó al permitir a sus integrantes establecerse por los alrededores. A ellos les entregó mercedes de tierra y encomiendas de indios, mientras al germano le brindó una indemnización equivalente a diez mil pesos oro, a condición de que volviera a España. Este así lo hizo, y después escribió sus memorias con el título de *Indianische Historia*.

El período de administración alemana en Venezuela se caracterizó por la ausencia de los gobernadores de su capital, pues el objetivo de los Welser no era colonizar; su propósito casi exclusivamente había sido comercial y dirigido a obtener grandes ganancias mediante el tráfico de esclavos o la extracción aurífera. Además, dichos empresarios habían implantado un sistema que no se adaptaba a las costumbres de los españoles que participaban en la conquista; a estos les vendían los elementos que debían emplear en las campañas: caballos, armas, ropas y abastecimientos, en vez de sufragarlos como hacían los adelantados hispanos en sus correrías. Y dado que la Casa de los Belzares monopolizaba todo el comercio en la gobernación, los que allí vivían estaban siempre llenos de deudas con ella. Incluso, si alguien al morir tenía pagos pendientes, los Welser decomisaban los bienes de los herederos, y en caso de perdurar algún adeudo, lo repartían entre estos para que lo satisficieran. La sistemática puesta en práctica de la referida concepción, unida al hecho de que durante algo más de cinco lustros la Corona española no recibió beneficio alguno, condujo a que fuera derogada la Carta de 1528. A partir de entonces, y bajo los tradicionales patrones hispanos, la conquista fue extendiéndose gradualmente en Venezuela desde El Tocuyo. Primero, hacia Barquisimeto, Nirgua, lago de Valencia y Borburata. Después, se adentró en el valle de Caracas, donde Diego de Losada estableció la ciudad el 25 de julio de 1567, en medio de intensas luchas con los indígenas que rechazaban ser sojuzgados. Dicha resistencia y rebeldía tal vez tenga su máxima expresión en el heroico Guaicaipuro, quien en la zona de los Teques organizó la más tenaz oposición a los conquistadores, hasta que pereció en un combate en las inmediaciones de la recién fundada ciudad.

Conquista de Panamá y Centroamérica

Cristóbal Colón, en su cuarto y último viaje fue lanzado por una tempestad sobre las costas caribeñas de Nicaragua, el 2 de septiembre de 1502. Entonces el gran almirante desembarcó por este sitio y lo nombró cabo Gracias a Dios, ya que allí se había salvado de naufragar. Sin embargo, luego de ese accidente, hubo que esperar unas dos décadas hasta que otro grupo de castellanos llegara a las costas caribeñas de Centroamérica. Ello tuvo lugar con Vasco Núñez de Balboa, aventurero que para huir de sus acreedores en La Española abordó como polizonte el navío comandado por Martín Fernández de Enciso. Este navegaba con refuerzos para la recién fundada villa de Santa María, donde Balboa se amotinó, expulsó a Enciso y se autoproclamó alcalde. Luego, consciente de que necesitaba hacer méritos para ser perdonado y legitimado por la Corona, se lanzó a conquistar nuevos territorios. Entonces, cruzó el istmo de Panamá y llegó en 1513 al litoral del Pacífico, al que denominó Mar del Sur. Esto le concedió la gracia real y le sirvió para ser nombrado adelantado, pero subordinado al recién desembarcado gobernador Pedro Arias de Ávila, que había llegado con 22 buques y cientos de hombres. Pero este ambicioso funcionario, más conocido como Pedrarias Dávila, pronto acusó a Balboa de traición; tenía el propósito de confiscarle la flotilla que construía en el golfo de Darién para navegar por el Nuevo Océano. Tras decapitar a Balboa en 1517, Pedrarias entregó a su amigo Gaspar de Espinosa los referidos buques, quien tomó rumbo al norte en vez de hacerlo hacia aguas meridionales, como se había pactado para que buscara el fabuloso y desconocido imperio austral, cuya existencia en dichas costas se rumoraba.

Furioso, Pedrarias organizó en busca del traidor una segunda expedición, que al mando de Gil González llegó hasta el istmo de Rivas y lo cruzó, hasta que se topó con dos enormes lagos. En sus alrededores, los aventureros comprendieron que por esos parajes las tribus existentes, llamadas mangues, comenzaban a desarrollar una diferenciación clasista.

La noticia de que en el referido litoral unos indígenas explotaban a otros entusiasmó a Pedrarias, quien se desentendió del díscolo González para coligarse con el más dócil Francisco Hernández de Córdoba. Este zarpó de Panamá en 1523, y tras desembarcar se asoció con un cacique náhoa llamado Nicaragua o Nicarao, quien le facilitó establecer las villas de Granada y León. Después, el intrépido conquistador exploró el río San Juan hasta su desembocadura en el Caribe, con lo cual dio inicio a los sueños canaleros. Pero los habitantes de esa costa —allí hoy conocida como atlántica— eran fieros caribises, osados navegantes que habían cruzado el mar de las Antillas en piraguas y balsas capaces de llevar hasta cincuenta personas, y los cuales en sus ritos de victoria a veces practicaban la antropofagia. Por eso Hernández de Córdoba prefirió volver a la más plácida región donde había implantado sus asentamientos.

Sin embargo al regresar tuvo que enfrentar al preterido Gil González, quien llegaba en son de guerra a retomar lo que estimaba suyo.
Pero derrotado por el jefe ya establecido, enrumbó hacia el contiguo
territorio hondureño.

Hernán Cortés, una vez que se hubo apoderado de la Confederación Azteca, dispuso que una expedición marítima al mando de
Cristóbal de Olid zarpara en busca de un paso entre ambos océanos.
Pero este individuo primero hizo escala en La Habana, donde se
dejó arrastrar por los argumentos de Diego Velázquez y traicionó a
Cortés. Luego se dirigió hacia tierras hondureñas, en las que fundó
Triunfo de la Cruz en mayo de 1524. Al poco tiempo, a dicha villa se
acercó el desafortunado Gil González, ya expulsado de Nicaragua,
quien de nuevo fue vencido y hecho preso, aunque salvó la vida.

El conquistador de México, por su parte, no estaba presto a
aceptar el cambio de fidelidades que su antiguo subordinado había
efectuado, por lo que marchó hacia Honduras con el propósito de
ajustar cuentas con él. Pero al llegar a Triunfo de la Cruz encontró
que Olid había muerto a manos de Gil González. Entonces, Cortés
lo sumó a su tropa y ordenó que todos los castellanos en Centroamérica se subordinaran a Pedro de Alvarado, quien había establecido cabildo en Santiago de los Caballeros.

Pedrarias se insultó con el proceder de Cortés y se preparó para
consolidar su autoridad en América Central. Debido a ello, en 1526
marchó a Nicaragua, donde en León hizo ahorcar por felonía a Hernández de Córdoba, plegado a Alvarado, y después colocó al frente
de la gobernación a Rodrigo de Contrer as, su yerno, encargado de
impulsar la colonización distribuyendo mercedes de tierras y encomiendas de indios a quienes se asentaran en la región. Desde ese
momento, en la parte centro-occidental nicaragüense la mayoría de
los castellanos se dedicó a la ganadería extensiva. Mientras, en su
zona central, donde abundaba la fuerza de trabajo aborigen explotable, gran cantidad de ellos acometió el cultivo de cereales.

Al mismo tiempo, Pedrarias se propuso entorpecer al máximo la gestión ordenada por Cortés a Alvarado, a quien consideraba un intruso. Este, sin embargo, en 1527 logró que la Corona lo nombrara en propiedad como adelantado y capitán general de Guatemala, cuyos límites o contornos no estaban muy bien definidos.

Conquista del Imperio de los incas: conflictos entre Pizarro y Almagro

Pedrarias recurrió en 1522 a Pascual de Andogoya para que se dirigiera hacia las aguas meridionales. Este navegó entonces desde el golfo de Panamá hasta el delta del río San Juan, situado en los cuatro grados de latitud septentrional, y confirmó todo cuanto se comentaba acerca de un reino situado más al sur. Pero el osado marino falleció. Entonces, Pedrarias se asoció con el cura Hernando de Luque, dueño ya de la isla de Taboga, para que financiara una expedición hacia el sur, al mando de Francisco Pizarro. Aunque este exporquerizo había fracasado como conquistador al frente de la recién fundada colonia de San Sebastián, en el caribeño golfo de Urabá, se le escogió por su fama de hombre muy audaz y experimentado. En dos naves, este aventurero y sus hombres zarparon hacia la desembocadura del referido río, pero carentes de las necesarias provisiones, al poco tiempo tuvieron que regresar a Panamá. Dos años más tarde, el intento se repitió con mayor fortuna, pues por el mencionado delta los españoles arrebataron buena cantidad de oro y plata a los indígenas, y con dichas riquezas lograron que se les enviara más recursos. Con estos, Pizarro envió un navío de avanzada comandado por Bartolomé Ruiz de Andrade, quien llegó a las costas de Esmeralda y desembarcó el 21 de septiembre en Atacame, donde se maravilló del trazado de la ciudad y de los intensos cultivos de maíz y cacao. Luego topó con una enorme balsa velera cuyos tripulantes trocaron sus mercancías: espejos guarnecidos de plata, collares de concha, telas preciosas, vasos de cerámica e, incluso, perlas y oro que ponderaron en balanzas indígenas. Con ese tesoro Andrade regresó, lo que permitió a Pizarro despachar a Diego Almagro a Panamá en busca de refuerzos. Pero en esa villa del istmo no gobernaba ya Pedrarias sino Pedro de los Ríos, quien dispuso el cese de la expedición. En vez de cumplir la orden, los osados castellanos prosiguieron hasta el golfo de Guayaquil, donde encontraron la grande y rica ciudad de Túmbez que los deslumbró, y en la cual acumularon tejidos finos confeccionados con lana de vicuña, vasijas de oro y plata, junto a diversos trofeos más. Con ellos regresaron a Panamá, donde Luque, Almagro y Pizarro decidieron que este marchara a España con el objetivo de que el rey lo nombrara adelantado. Carlos I así lo hizo en junio de 1529 y, además, lo designó gobernador y capitán general de los vastos territorios ocupados en el Tahuantinsuyo, que redenominó Nueva Castilla.

Financiado parcialmente por Hernán Cortés, acompañado de Gonzalo y demás hermanos suyos, así como de otros aventureros de Extremadura, Pizarro abandonó España y retornó a Panamá a principios de 1530. Al año siguiente, tras agrias disputas con los que antes fueran sus socios, el adelantado, con 180 hombres, caballos y artillería, zarpó rumbo al imperio que se encontraba en plena guerra civil. Desembarcaron por el lugar que ellos nombraban bahía de San Mateo y avanzaron por tierra hasta el golfo de Guayaquil, en el cual trataron de ocupar la estratégica isla de Puna. Pero allí la resistencia de los aborígenes fue irreductible por lo que, tras seis meses de frustrados empeños, las menguadas fuerzas de los conquistadores se dirigieron hacia Túmbez. Más tarde prosiguieron hasta las márgenes del Piura, en las que fundaron la villa de San Miguel en junio de 1532. En ella, se engrosó la tropa con los treinta hombres y seis caballos del recién llegado exleñador Sebastián Moyano Benalcázar, procedente de Nicaragua, a la cual habían llegado los fabulosos recuentos de las riquezas existentes en Nueva Castilla.

La marcha hacia el sur se reinició el 24 de septiembre por los llanos del litoral, para más tarde emprender el cruce de la cordillera occidental por los caminos empedrados, a veces abiertos a pico entre las rocas, y los numerosos puentes colgantes que atravesaban los hondos desfiladeros. Hasta que, a mediados de noviembre de 1532, los españoles llegaron frente a Cajamarca, residencia provisional del victorioso Atahualpa.

Pizarro envió al Sapa Inca diversos mensajes, en los que expresaba ser el enviado de un poderoso rey de allende los mares, cuyo único deseo consistía en establecer relaciones de amistad. A la entrevista concertada se opuso Rumiñahui, quien fue desoído, y la misma se efectuó para desgracia de Atahualpa. Este fue atrapado con facilidad mediante una felona treta,[8] durante la cual los conquistadores masacraron a miles de integrantes del séquito real, sin sufrir baja alguna.

Secuestrado, Atahualpa prometió a los castellanos un enorme rescate a cambio de su libertad, y a la vez ordenó que se les respetara por todo su vasto imperio. Por su parte, el aprisionado Huáscar ofrecía riquezas aún mayores a los ibéricos, si lo excarcelaban del lugar donde su hermano lo retenía. Pero el Sapa Inca se enteró de ello y dispuso que el derrotado jefe cuzqueño fuese ahogado en un río. Esto impresionó profundamente a los europeos pues comprendieron el inmenso poderío que aún tenía el capturado monarca. Entonces decidieron simular un juicio, en el cual Atahualpa fue acusado de usurpar el trono y disponer un fratricidio, de ser incestuoso y polígamo, y de conspirar contra el poder del rey de España. Condenado a la hoguera por idólatra, se le conmutó dicha pena por la del garrote, al acceder a bautizarse y así morir en la gracia del misericordioso Dios cristiano. Era el 29 de agosto de 1533. Mientras, en un lugar contiguo, los conquistadores fundían en barras los inmensos tesoros recibidos del Inca, que luego repartían de forma proporcional a sus jerarquías tras separar el quinto real o impuesto pagadero a Carlos I.

Rumiñahui con cinco mil leales soldados condujo el cadáver de Atahualpa hasta Quito, donde se le rindieron extraordinarios funerales. Durante dicha celebración el gran jefe militar fue reconocido como nuevo shyri, y juró no someterse a los extranjeros. Luego dispuso que se iniciaran los preparativos para defender la ciudad.

Pizarro no tomó iniciativa alguna en lo concerniente a Quito, pues anhelaba sobre todo penetrar en Cuzco, tradicional sede del poder en el Tahuantinsuyo. Por eso Benalcázar, conocido como *hombre promto y resoluto en todo*, a pesar de los recelos de su jefe organizó por su cuenta una tropa en San Miguel, con la cual marchó hacia la tierra quiteña. En su avance se adentró en los predios de Cañar, cuya capital, Tomebamba, Atahualpa había arrasado por su apoyo a Huáscar a principios de la guerra civil. De inmediato la élite cañar se alió con los castellanos y les brindó once mil soldados para que atacaran a las fuerzas de Rumiñahui. Este enfrentó, en julio de 1534, a los invasores en la gran batalla de Tiocajas, cerca del Cotopaxi, donde unos veinticinco mil hombres combatieron encarnizadamente y sin tregua durante todo un día, hasta que al anochecer las energías de los conquistadores y sus aliados comenzaron a flaquear. Pero entonces el imponente volcán entró en erupción y cubrió a los contendientes con una espesa capa de ardientes cenizas, lo cual llenó de pavor a los casi victoriosos defensores, que huyeron en desbandada. Derrotado, el nuevo shyri dispuso el incendio y abandono de Quito, escondió las riquezas reales y con sus soldados tomó rumbo al peñón de Píllaro y la fortaleza de Sicchos, una vez impartida la orden de dejar tras sí solo tierra arrasada.

Triunfador, Benalcázar estableció cabildo sobre las ruinas de Lliribamba el 15 de agosto, que renombró Santiago de Quito. Después negoció con Almagro, enviado por Pizarro para que diera cuenta de su inconsulta forma de actuar, y luego de ambos entenderse, el 28 de agosto fundaron sobre los restos de la derruida capital confederada la villa de San Francisco de Quito. Algo más tarde,

Benalcázar se desplazó hasta el golfo, donde realizó la primera fundación de Santiago de Guayaquil, pues hubo reiteradamente que reconstruirla dado que los huancahuilcas la destruyeron dos veces con sus ataques. También Rumiñahui perseveró en su lucha guerrillera hasta ser capturado, tras lo cual soportó las más crueles torturas sin revelar el lugar en que había escondido las riquezas quiteñas ni proferir queja alguna hasta morir.

Benalcázar, después, muy atraído por las legendarias riquezas chibchas, se dirigió hacia dichos cacicazgos. En su avance, fundó los cabildos de Cali en 1536, Popayán en 1537 y Pasto en 1538, hasta llegar en este último año a Santa Fe de Bogotá, donde topó con Gonzalo Jiménez de Quesada.

Cumplido el engorroso trámite de dar muerte a Atahualpa, los conquistadores se dirigieron al Cuzco donde, el 15 de noviembre de 1533, presenciaron la ceremonia en que se reconocía a Manco Cápac II, hermano del difunto Huáscar, como nuevo Sapa Inca, quien les permitió establecer cabildo en la ciudad. Pero la euforia incaica en la antigua capital imperial fue corta; la aristocracia vencedora pronto comprendió que al permitir a los ibéricos la entrada en su multicentenaria sede, de hecho, se había convertido en prisionera de ellos. La nobleza entonces abandonó su tradicional centro de poder y se refugió en lejanos e inaccesibles confines. Esta decisión tuvo doble consecuencia, porque efectivamente la corte se puso a salvo, pero al abandonar la hegemónica Cuzco, la élite cesó de percibir el excedente de las comunidades esclavizadas del imperio.

En esas circunstancias, la clase explotadora se escindió. La mayoría se sometió, dirigida por el último Sapa Inca, a quien el rey Carlos I recompensó con el título de conde de Oropesa y nombró grande de España. Pero unos pocos se mantuvieron firmes en las apartadas montañas andinas, que se encuentran hacia la zona de Machu Pichu. Dirigidos, primero por Titu Cussi Yupanqui y después por Túpac Amaru —los hoy llamados Incas de Vilcabamba, hermanos del repudiado Manco Cápac—, rechazaron plegarse y continuaron la lucha hasta ser aplastados en 1579.

Mucho antes, sin embargo, la resistencia generalizada había terminado, pues al rendirse lo más selecto de la aristocracia cuzqueña, el pueblo quechua dejó de combatir. Los castellanos neutralizaron a los antiguos funcionarios comarcales al mantenerlos en sus tradicionales cargos. Mientras, los campesinos, históricamente expoliados al máximo por la nobleza incaica, no tenían razón alguna para sublevarse en defensa del derrotado imperio; su proverbial y precaria existencia, no sufrió alteración con la Conquista.

Pizarro encargó el gobierno de Cuzco a su hermano Juan y marchó hacia el valle del Rimac, donde a doce kilómetros del mar fundó su propia capital: Lima. Desde allí solicitó a Carlos I que dividiera la Nueva Castilla entre él y Almagro, a lo que el monarca accedió; entonces, con la parte meridional se constituyó la demarcación de Nueva Toledo, aunque no se precisó a cuál Capitanía pertenecería la antigua sede real incaica. De inmediato, ambos conquistadores entraron en trifulcas por el Cuzco, que en junio de 1535 Almagro intentó ocupar por la fuerza sin éxito. El derrotado aceptó después hacerse cargo de su aún desconocida jurisdicción, por lo cual se dirigió hacia el sur, atravesó los Andes, y tras innumerables calamidades arribó a los primeros valles de Chile. Allí, desilusionado, descubrió que aquellos parajes carecían de riquezas metalíferas, abundantes hacia el norte. Entonces, junto con sus hombres acometió el regreso a través del difícil desierto de Atacama, hasta llegar de nuevo al Cuzco, que atacó y ocupó el 8 de abril de 1537. Pero luego, vencido en Salinas el 6 de abril de 1538 por Hernando Pizarro, lo agarrotaron por orden de este.

Tras la ejecución de Almagro, Pizarro encomendó la conquista de los territorios meridionales a Pedro de Valdivia, quien marchó por la ruta de Atacama y después llegó hasta el valle del Mapuche, que redenominó Nueva Extremadura. Allí fundó la villa de Santiago de Chile, al poco tiempo destruida por los araucanos encabezados por el cacique Michimalonco, cuya gesta más tarde fue emulada por Caupolicán en el valle de Tucapel y por Lautaro en el de Yungay.

Incapaces de avanzar hacia el sur más allá del río Maule, los invasores castellanos entonces decidieron cruzar los Andes para conquistar las tierras incaicas situadas del otro lado de la imponente cordillera. Así, encabezados por Francisco de Aguirre, algunos se apropiaron de la actual región de Santiago del Estero, a la que por contraste con la paupérrima realidad chilena, nombraron Tierra de Promisión. En ella, pronto miles de encomendados cultivaban algodón y con él, en obrajes —talleres artesanales indígenas— fabricaban mantas, ropas, cordobanes, sombreros, sobrecamas, todo teñido con cochinilla indígena y añil importado.

Otros, como el experimentado Diego Rojas, salieron en 1543 de Chuquisaca —redenominada Charcas por Gonzalo Pizarro, al establecer allí cabildo en 1536—, atravesaron las cordilleras hasta llegar a Chicoana, donde la mayoría se detuvo; un grupo menor continuó bajo el mando de Francisco Mendoza, los cuales llegaron hasta el río Paraná. Más tarde, una vez implantado cabildo por Juan de Villarroel el 10 de abril de 1545 en el sitio conocido en quechua como *pputunsi*, que se castellanizó como Potosí, un grupo de aventureros salió hacia el sur. Encabezados por Juan Núñez del Prado recorrieron el territorio tucumano, y en él fundaron el poblado de Barco de la Sierra en 1549. Allí, enseguida mercedaron tierras y encomendaron indígenas, para producir paños y frazadas o lienzos en obrajes, con los cuales abastecer la gran demanda engendrada en las riquísimas minas de Potosí, a las cuales se llegaba por la vía de la Quebrada de Huamaca.

Luego, procedente de Chile, en 1561, Pedro del Castillo estableció la villa de Mendoza al pie de los Andes y, en 1562, Juan Jufré, quien había sido teniente gobernador de Santiago, la de San Luis. Pero como en todas partes, pronto la desmesurada ambición de esos individuos o las interminables discusiones entre ellos, provocaron serias grescas. Surgió de esa manera un conflicto de jurisdicciones entre los conquistadores provenientes de Chile y los de Tucumán, que finalmente se resolvió en agosto de 1563 cuando una Real Cédula absolutista convirtió a esta en una gobernación autónoma, bajo la supervisión judicial de la Audiencia de Charcas; entonces solo quedó como instancia dependiente de Santiago de Chile, una pequeña área denominada Gobernación de Cuyo.

Capítulo 2

América Latina colonizada

1. Feudalismo colonialista e implantación del absolutismo

Cabildos, audiencias, gobernaciones y virreinatos

En América, las primeras instancias administrativas establecidas por los conquistadores fueron los cabildos o ayuntamientos, que constituían el único aspecto con algún contenido democrático en la superestructura colonial. No obstante, esta afirmación tenía un carácter relativo, pues el concepto de pueblo dado a quienes participaban en aquellos, se reducía a los ibéricos que pagaban impuestos. Estos al principio eran los quintos de oro, plata, perlas, esmeraldas, pagaderos al monarca y las anatas;[1] más tarde se estableció la alcabala o gravamen que debían pagar los vendedores de muebles, inmuebles, mercancías y semovientes, o de cualquier otro contrato de compraventa. Después se implantó el almojarifazgo, el cual consistía en el pago de una tasa aduanera o arancel por quienes comerciaran a través de cualquier sitio hispanoamericano.

Dado el precepto de que para participar en el cabildo resultaba imprescindible abonar impuestos, quienes ocupaban los cargos eran grandes propietarios, eclesiásticos y personas influyentes, que a veces hasta pujaban en subastas para ocupar dichos puestos. Los ayuntamientos sesionaban dos o tres veces por semana, estaban integrados por un alcalde, varios regidores o concejales, uno o varios jueces de primera instancia designados por el alcalde, un alguacil que cumplía las órdenes del juez, un alférez al frente de las tropas y un mayordomo encargado de la hacienda; cada uno tenía un representante en la capital de la colonia, y el conjunto de ellos formaba la Junta de Procuradores.

Aunque los cabildos no tenían facultad legal para realizar entregas de tierras, con frecuencia lo hicieron a particulares, cuyos predios luego se asentaban en los libros del ayuntamiento, razón por la cual esas escrituras se convirtieron en los primeros registros de propiedad.

A pesar de cierto margen de autoridad que en la práctica disfrutaban, los cabildos o ayuntamientos podían recibir instrucciones de los adelantados y gobernadores, pues era la Corona quien nombraba a dichos funcionarios. Ambos cargos, no obstante, fueron perdiendo facultades desde la creación de las audiencias, ya que eran instituciones creadas para limitar y contrarrestar o controlar cualquier otra instancia del poder colonial. Ellas estaban integradas por oidores o jueces, quienes, además de sus atribuciones jurídicas específicas, tenían la misión de extender y consolidar la autoridad monárquica. Como parte de sus funciones realizaban las llamadas *visitas de las tierras,* que tenían el propósito oficial de velar por la aplicación de las leyes relacionadas con los indios, lo cual intentaba contener las ambiciones excesivas de quienes poseyeran encomiendas.

La primera Audiencia constituida fue la de La Española en 1511, seguida por las de México, 1527; Panamá, 1538; Lima, 1542; Guatemala, 1543; Bogotá, 1549; Charcas, 1559; Quito, 1563; Santiago de Chile, 1565.

En un nivel inferior y en cada localidad, dentro de la estructura estatal, los principales funcionarios reales eran los corregidores, quienes estaban a cargo del gobierno de las villas. Dentro de dicha denominación, había un acápite especial que abarcaba a los que atendían los asuntos de los poblados indígenas, y debían contrarrestar las ilegalidades que en contra de sus habitantes realizaran los dueños de encomiendas o repartimientos. Pero como en tantas oportunidades, los corregidores de indios utilizaban sus funciones para enriquecerse a costa de los que debían proteger, y con el objetivo de alcanzar sus propósitos en las regiones bajo su control, introducían determinadas mercancías. Estas se distribuían en cuotas que obligatoriamente los aborígenes debían comprar, lo cual endeudaba a muchos, sobre todo cuando fraudulentamente se incrementaban sus cuantías y precios, tras lo cual los inescrupulosos corregidores se apropiaban de los bienes de los sojuzgados indios.

El tránsito definitivo a la colonia se realizó al constituirse los virreinatos, que se establecieron, primero en México en 1535 y después en Perú en 1543, para desplazar del poder a los conquistadores. Las capitanías generales teóricamente dependían de los virreyes, aunque en realidad disfrutaban de una amplia autonomía. Algo semejante, pero en menor grado, sucedía con las gobernaciones, que según los casos dependían de estas o aquellos.

Los virreyes eran designados por el rey, de quien dependían y cuyo centralismo absolutista representaban. Por lo tanto su principal misión durante el siglo XVI fue destruir el orden político y social surgido de la conquista. Pero debían rendir cuentas, pues al final de sus respectivos mandatos se realizaba el llamado Juicio de Residencia, lo cual permitía que dichos funcionarios pudieran ser procesados en caso de comprobarse que se habían enriquecido ilícitamente.

El objetivo perseguido por la Corona con el conjunto de instituciones que estableció en las colonias, era el de crear una estructura con diversos niveles de control y supervisión; esto facilitaba la vigilancia y delación mutuas, con el propósito de lograr un equilibrio que impidiese el surgimiento de cualquier poder fuera de su control. En la cúspide de la estructura estatal colonial se encontraba el monarca absoluto, que dictaba todas las leyes referentes a América sin dar cuenta a nadie. En esa tarea solo le asesoraba un organismo consultor, sin poder para legislar: el Consejo de Indias.

Mercedes de tierras

En lo concerniente a las formas de propiedad en los antiguos Estados indígenas, los castellanos iniciaron su metamorfosis cuando en México, Hernán Cortés emitió sus famosas ordenanzas redistribuidoras. A diferencia de lo ocurrido en las Antillas, estas medidas, que se basaban en las prácticas perfeccionadas durante la Reconquista y la ocupación de Canarias, se adecuaban muy bien al grado de desarrollo existente en dichos territorios de América; las mercedes de tierra engarzaban de manera apropiada con las recientes tendencias de la aristocracia azteca y de la nobleza inca, de convertirse en usufructuarias directas de enormes extensiones de suelos fértiles. Esta confluencia de intereses, facilitó que muchos de los explotadores aborígenes vieran refrendados sus dominios con las tierras recibidas en pago por su colaboración. Incluso, entre los mayas y chibchas, entre quienes estas avanzadas y exclusivistas costumbres se encontraban menos extendidas o no existían; en dichas sociedades fue relativamente fácil pasar de los predios colectivos asignados a las antiguas castas expoliadoras según sus funciones, a la propiedad privada individual que se entregaba a los miembros de las viejas élites, que permanecían en sus cargos al incorporarse al nuevo régimen.

Los conquistadores, por su parte, se esforzaban por obtener la mayor cantidad posible de suelos, para ser ricos, poderosos y trasmitirlos en primer lugar a sus primogénitos masculinos según el principio del mayorazgo, De acuerdo con los cánones establecidos por las más importantes familias en Castilla durante la Reconquista.

Los principales terratenientes en México y Perú fueron, por supuesto, Hernán Cortés y Francisco Pizarro.

La Iglesia católica

En Hispanoamérica, además de la propiedad territorial privada perteneciente a ambos grupos de la élite formada por conquistadores castellanos y aristócratas indígenas, estaba la considerada *bienes de colectividades*. En primer lugar, los estatales o de la Corona, llamados realengos —constituidos a partir de las tierras del Tlacatecuhtli o del Sapa Inca—, engarzaban con las tradiciones ibéricas engendradas durante los siglos de lucha contra los árabes.

Luego se encontraba el patrimonio de la Iglesia católica, muy favorecida durante la conquista. Esto se debió a que desde 1508 la Corona se había convertido, en la práctica, en jefa de dicha institución religiosa, pues desde el concordato con el Papa, el primer deber de cualquier obispo u otro representante eclesiástico era prestar juramento a la autoridad real, sin cuyo consentimiento ni siquiera las bulas emitidas en Roma por el Supremo Pontífice, podían entrar en vigor. No obstante, la Iglesia mantenía su autonomía e intereses propios, apoyados adicionalmente por su total dominio de la acción ideológica, que respaldaba con la terrible Inquisición. Además, en América, la Iglesia constantemente aumentaba sus predios mediante donativos por concepto de herencias, que los particulares ricos le testaban al llegarles la muerte, para limpiar sus turbias conciencias. De esta manera, la institución religiosa conformó las llamadas Rentas de Capellanía, a cambio de las cuales los sacerdotes debían celebrar misas y otras ceremonias religiosas, en beneficio de las impías almas de los fallecidos pecadores. Otro medio que facilitaba el enriquecimiento de la Iglesia era la apropiación de bienes sobre los cuales hubiera entregado préstamos, fenómeno usual pues entonces solo ella disponía de los recursos y autorización para ejercer las funciones de usura. Era así, porque recibía el dinero del diezmo, o disposición según la cual todos los habitantes libres debían entregarle el diez por ciento de sus ingresos; asimismo controlaba los Juzgados de Testamentos, Capellanías y Obras Pías, que dominaban las operaciones monetarias dependientes de los referidos tres legados. De esa forma, la institución religiosa realizó un proceso de acelerado e irreversible enriquecimiento, pues sus propiedades de inmediato resultaban inmovilizadas gracias a privilegiadas y exclusivas formas jurídicas, como las denominadas Manos Muertas. Mediante estas disposiciones se prohibía que esos bienes fuesen enajenados, al excluir la posibilidad de su traspaso o venta, aunque podían ser alquilados si se pagaba una renta que equivaliera al cinco por ciento de su valor. También la Iglesia obtenía ingresos debido al cobro de diversos y obligatorios servicios religiosos, como: el bautizo, único modo de acreditar legalmente el nacimiento de un niño; el matrimonio, exclusivamente religioso, debido a lo cual se consideraban ilegítimos y sin derechos a los hijos nacidos fuera de él; las inhumaciones, solo realizables en los cementerios oficiales eclesiásticos. Otro importante monopolio clerical era el de la enseñanza, que le permitía desarrollar al máximo su labor ideológica. Debido a ello, desde épocas muy tempranas, la Iglesia tuvo interés por establecer en América universidades, instituciones reservadas para los hombres pertenecientes a las clases dominantes: a dichos altos centros docentes ni las hijas de familias pudientes podían asistir, pues a todas las mujeres se les discriminaba en la educación.

Dentro de los bienes de colectividades, a la par que los realengos y las tierras de misiones o conventos, Carlos I de España reguló la posesión de los suelos utilizados por las comunidades campesinas de los extinguidos Estados aborígenes a partir de 1523. Entonces, sobre muchos de esos predios se estableció la propiedad llamada resguardos indígenas, cuya inalienabilidad quedó plasmada en la legislación jurídico-económica feudal. Dicha práctica entroncó de manera adecuada con las viejas estructuras agrícolas impuestas por las antiguas élites nativas. Ese fenómeno, por ejemplo, en México, se reflejó con gran nitidez, pues los altepetlalli o terrenos trabajados colectivamente para satisfacer las necesidades comunales de las gens precolombinas, sobrevivieron durante la colonia bajo el nombre de ejidos, y llegaron a subsistir hasta después de la independencia.

En lo concerniente a los ayllus peruanos, las tierras de los resguardos se dividieron en tres partes: la primera se parcelaba y adjudicaba cada año a las distintas familias de la comunidad, de acuerdo con el número de sus integrantes; la segunda se dedicaba a pastos para el ganado, de propiedad colectiva; la tercera se cultivaba por todos los vecinos mediante el trabajo gratuito, rotativo y obligatorio. Sin embargo, fue un fenómeno usual que los caciques de los respectivos resguardos evolucionaran hacia posiciones tendientes a la explotación de unos seres humanos por otros, aprovechando la práctica de las autoridades coloniales de expedir los títulos de propiedad comunal a nombre de aquellos.

En síntesis, tras la Conquista, cuatro grandes grupos de terratenientes se constituyeron sobre los suelos antes dominados por las organizaciones estatales aborígenes: el de los propietarios privados laicos, fuesen aristócratas nativos o castellanos; el de la Iglesia católica, se tratara de conventos o misiones; el compuesto por los realengos del monarca, dueño en la práctica de los terrenos estatales; y el de los resguardos de las comunidades campesinas indígenas.

Encomiendas de indios

Sin vínculo alguno con las mercedes de tierras, existían las encomiendas de indios, práctica basada en la experiencia de siglos de Reconquista que, al aplicarse en América, destruyó los fundamentos de la esclavitud generalizada y desarrolló las nuevas relaciones feudales de producción. Hasta entonces, los indios que cultivaban la tierra habían sido forzados por sus caciques a entregarles a cambio de nada su trabajo adicional; aunque el comunero fuese jurídicamente libre, estaba de hecho atado a la tierra pues no podía abandonar su colectividad, y padecía una fuerte coacción extraeconómica física y religiosa. Dichos campesinos habían carecido, en realidad, de libertades individuales. Y con el nuevo sistema para ellos poco se alteró. Solo que los encomendados pasaron a sufrir, además, relaciones personales de dependencia; surgía la servidumbre en el sentido estricto de la palabra, pues un señor feudal ahora se apropiaba directamente del plusproducto del campesino bajo la forma de renta del suelo. Esta podía manifestarse de dos maneras: en especie o en trabajo. Ambas modalidades beneficiaron a nobles indígenas y castellanos, que en los tiempos del tránsito de un régimen a otro velaron porque las nuevas imposiciones no excedieran la cuantía de las existentes hasta la conquista.

Los encomenderos, según su relevancia, podían dividirse en tres grupos: la mayoría, que no percibía por encima de quinientos aborígenes; un sector intermedio, a cuyos integrantes tocaba un per cápita de hasta dos mil indios; un pequeño núcleo privilegiado, en el cual sus miembros recibieron más de dos millares de encomendados. Como Pizarro en Perú, fue Cortés en México el más beneficiado por la distribución; tenía, por ejemplo, en la región que hoy corresponde a Morelos, cinco encomiendas: en Cuernavaca, Caxtepec, Tepoztlán, Yantepec y Acapixtla, que abarcaban poblaciones aborígenes grandes y pequeñas. Los favorecidos por el nuevo sistema, al asegurarse encomiendas en servicio, adquirían la fuerza de trabajo necesaria para que funcionasen minas, obrajes o artesanías indígenas y haciendas.

La minería feudal se reveló, en la primera etapa colonial, como una principalísima actividad económica acometida por los conquistadores con sus encomendados. Los más notables yacimientos de plata eran los de Taxco, Guanajuato y Zacatecas, en México; y los de Porco, Potosí y Castrovirreina, en Perú. A su vez, las más importantes minas de oro se encontraban en Carabaya, en Perú; Antioquía, Chocó y Popayán, en Nueva Granada; y Zaruma, en Quito. Esa abundancia de metales preciosos permitió que, en 1535, se crearan Casas de Moneda en Ciudad México, Lima y Bogotá.

En estos años del siglo XVI, en la minería se aplicaban dos principios: uno, establecía que todo placer o explotación debía considerarse *regalía* del monarca; otro, instituyó que el dominio del suelo no daba ningún derecho al subsuelo.

Los obrajes textiles, por su parte, tomaron auge en México a partir de 1540, y en Perú y Quito cinco años más tarde, cuando fueron autorizados por la Corona pues no competían con las mercaderías ibéricas. Frecuentemente, al lado de los talleres donde se tejía, cundía y cardaba, funcionaban los batanes, en los cuales se lavaban las lanas, se teñían los hilos y se hacían las demás labores previas a las de los telares. Estos, en su inicio, solo funcionaban con las técnicas nativas dominadas por los encomendados, pero con la creciente escasez de pelos de llama y vicuña, materia prima originalmente empleada, pronto se incrementaron los rebaños de ovejas, por su lana, y se introdujo el uso del algodón o del henequén y la cabuya.

Aunque los dueños de obrajes eran encomenderos, curas y caciques, la dirección de estos generalmente recayó en el maestro, su ayudante y un mayordomo. Este último cargo casi siempre desempeñado por indígenas, pues los castellanos se reservaban los puestos de supervisión.

En lo concerniente a las haciendas, se debe precisar que se constituyeron basadas en concepciones económicas de carácter autárquico, pues en ellas primaba la satisfacción de las necesidades mediante el autoabastecimiento. Por esto, salvo ciertos remanentes, el fruto adicional no adoptaba una apariencia mercantil; resultaba innecesario que labores y productos revistiesen una forma distinta de su realidad. Además, el sobrante era exiguo, pues sin inversiones de capital los suelos tenían poca productividad, y de ellos solo se aprovechaba una pequeña parte como área cultivada. Dicho panorama se complementaba con una atrasada técnica agrícola; los instrumentos de trabajo puestos en manos de los encomendados eran la azada, el machete y el hacha, ya que pocas veces se generalizó el uso del arado pues esto implicaba disponer de bestias de tiro, entonces poco frecuentes en América, a pesar de que ya habían sido introducidas por los conquistadores. En consecuencia, la producción y el plusproducto estaban determinados por la cantidad de mano de obra encomendada que se empleara.

Un resumen de las transformaciones que impulsaron en Hispanoamérica el avance hacia un feudalismo colonial de vasallaje, debe resaltar primero cuán importante fue la existencia del modo de producción esclavista en determinados territorios de nuestro continente, antes de la conquista; a partir de esta base económica, los castellanos impusieron la propiedad feudal de la tierra mediante la práctica de las mercedes, cuya realización era la renta del suelo arrancada a la fuerza de trabajo de los encomendados, sujetos a la dependencia personal debido a las presiones de la fuerza bruta y de la ideología católica. Pero el sistema instaurado por los conquistadores adolecía de una grave debilidad: para perpetuarlo se requería que las encomiendas fuesen otorgadas por más de una vida, pues hasta entonces, al ocurrir la muerte del beneficiario, se había dispuesto que estas pasaran al poder real. No podía sorprender, por lo tanto, que desde el principio los conquistadores solicitasen a la Corona la concesión de derechos de jurisdicción sobre los indígenas que explotaban, el otorgamiento a perpetuidad de las encomiendas, y la unificación de estas con las mercedes de tierras, pues según lo establecido por el rey, ambas se adjudicaban por separado. El significado de dichas peticiones a nadie escapaba. Los aventureros que habían hecho fortuna en América anhelaban convertirse en perfectos señores feudales, sin limitación alguna. Sus demandas parecieron empezar a ser satisfechas con la llamada Ley de Sucesión de las Encomiendas, de 1536, que primero extendió a dos vidas y luego a tres las generaciones de beneficiarios. Sin embargo, a pesar de estas disposiciones, los encomenderos no se sintieron complacidos. Convertidos en señores de fuerza política, soberbios y amenazadores, ambicionaban todavía un mayor poderío. No sabían que ya, luego de trascendentales acontecimientos en España, la Corona buscaba una oportunidad para liquidar su prepotencia.

Rebeliones contra el absolutismo y Leyes Nuevas de 1542

Carlos I, en 1539, enfrentó un motín provocado por la falta de pagos al Ejército, lo cual le obligó a reunir las Cortes para obtener un subsidio. Dicha institución, indignada por el mal empleo de las subvenciones que le había otorgado antes, gastadas en operaciones ajenas a los intereses de España, se negó a concederle otras. Entonces, el monarca, colérico, las disolvió. A los nobles que dieciocho años atrás le habían ayudado a destruir las libertades citadinas, y que insistían en reclamar su exención de impuestos, respondió que al mantener tal exigencia perdían el derecho de figurar en la asamblea, y de ella los excluyó. Esto fue un golpe mortal para las Cortes; desde ese momento sus reuniones se redujeron al desempeño de una simple ceremonia palaciega. Pudo ser así porque el tercer elemento que las integraba, el clero, desde los tiempos de los Reyes Católicos se encontraba alistado bajo la bandera de la Inquisición. Los sacerdotes habían dejado de identificar sus intereses con los de la etapa de vasallaje, y se habían transformado en el más poderoso instrumento del absolutismo. De esta manera, como en Portugal y antes que en los demás Estados, en España se desarrolló la monarquía absolutista en su forma más acusada, pero sin auspiciar la unidad social ni el desarrollo manufacturero y tampoco el auge burgués, pues no se presentó como polo civilizador. Bajo el reinado de Carlos I la vida comercial e industrial de las ciudades españolas declinó, se hicieron más raros los intercambios internos y menos frecuentes las relaciones entre los habitantes de las distintas provincias; los medios de comunicación se descuidaron y los caminos reales quedaron abandonados. Las urbes perdieron su poder medieval sin ganar en importancia moderna, mientras la aristocracia se hundía en la decadencia sin ver destruidos sus más retrógrados privilegios. Se iniciaba uno de esos períodos excepcionales de la historia, en el cual el poder del Estado adquiere cierta independencia temporal respecto a las demás clases en lucha.

Una vez que hubo impuesto el absolutismo en España, Carlos I desarrolló un febril proceso legislativo con el fin de limitar en América el poderío de los conquistadores como incipientes señores feudales. En 1542, promulgó las llamadas Leyes Nuevas, que suprimían las encomiendas de servicio y prohibían esclavizar al indio. La implantación de estas ordenanzas hería profundamente los intereses de los referidos castellanos, cuya influencia la monarquía planeaba ya sustituir por la de funcionarios. En la novedosa legislación, también se reiteraba que todos los indios eran vasallos libres y tributarios del rey, se disponía la pena de muerte para quien esclavizara a los aborígenes bajo pretexto de rebeldía, se quitaba los indígenas al que los maltratara o los tuviera sin título apropiado e, incluso, se reducía su número al encomendero que aun legalmente tuviese muchos. Al mismo tiempo, se impedía o suprimía el disfrute del codiciado privilegio a todo el que ocupara un cargo público.

Las drásticas medidas solo permitían la subsistencia de encomiendas pagaderas en tributos tasados por los funcionarios reales, pues quedaron vetados todos los servicios personales. Asimismo se señalaba que nadie podía obligar a los nativos a trabajar contra su voluntad, ya que la Corona pretendía imponer el método de trabajo pagado y voluntario. Por último, se dispuso el retorno al principio de *una sola vida*, para el disfrute de las encomiendas que sobreviviesen tras las limitaciones dictadas, pues deberían regresar a manos de la Corona después de la muerte de sus beneficiarios.

En el Nuevo Mundo, la traición feudal tenía ya historia, antes de que motivados por las Leyes Nuevas, los arrogantes y poderosos conquistadores castellanos pasaran del lamento a la amenaza y de esta a la rebelión. Al respecto, solo citaremos los más connotados ejemplos: Cortés fue desleal hacia Velázquez y sufrió la infidelidad de Cristóbal de Olid, al que había enviado a Honduras; Balboa actuó con vileza hacia Enciso y murió por la felonía de Pedrarias Dávila. Pero esas defecciones se realizaban por ambición personal y con el único propósito, como durante la Reconquista, de rechazar circunstanciales autoridades de vasallaje cuya importancia era relativa, pues en contadas oportunidades se obraba contra los monarcas, que trataban de situarse por encima de dichos conflictos. Pero con la imposición del absolutismo, se produjeron trascendentales cambios en la superestructura, que repercutieron en las vidas y propiedades de los más prepotentes conquistadores. Estos sintieron que habían sido perjudicados y con violencia reaccionaron frente a los decretos del Trono, que envió hacia Nueva Castilla en calidad de virrey al pedante Blasco Núñez de Vela, acompañado de una fuerte tropa.

En Quito, las autoridades allí implantadas por Benalcázar al marchar hacia las norteñas tierras de Pasto y Popayán, habían sido de inmediato depuestas por Gonzalo Pizarro, quien se posesionó del cargo de gobernador. Pronto a este le llegó el anuncio del asesinato de su hermano Francisco por los almagristas[2] en su palacio de Lima[3], debido a lo cual se dirigió hacia Cuzco, tras dejar en el cargo al andaluz Pedro de Puelles.

Mientras, en Panamá, Núñez de Vela eliminó encomiendas y embargó los bienes a los propietarios, lo cual espantó a los conquistadores de Nueva Castilla, quienes decidieron oponérsele. Por ello, cuando el arrogante enviado del monarca desembarcó en Túmbez en marzo de 1544, encontró la resistencia organizada; el valiente Gonzalo era aclamado en la antigua capital incaica por sus partidarios como nuevo capitán general, y enviaba al istmo panameño una flotilla comandada por Pedro Alonso de Hinojosa con el propósito de apoderase de dicha ruta interoceánica, para que no le llegaran refuerzos al virrey. Este eludió Quito y marchó hacia la jurisdicción del leal Benalcázar en Popayán, pero el 18 de enero de 1546 en la llanura de Iñaquitos, las fuerzas indígenas al mando de Puelles y otros castellanos lo derrotaron y decapitaron. Luego, en júbilo medieval, exhibieron su cabeza en Quito.

Ebrios de victoria, los más perspicaces sublevados, como Francisco de Carvajal, aconsejaron a Pizarro que proclamara un reino independiente y concediera títulos nobiliarios en alianza con la élite incaica, para legitimar la acción y crear un conjunto de interesados en mantener su poder. Pero el titubeante Gonzalo no accedió y se limitó a pedir a Carlos I, en una carta explicativa, su ratificación en el cargo que había asumido; carente de la audacia requerida, su indecisa actitud sembró temor y desconcierto entre los insurgentes. Mientras, el Regente y futuro Felipe II[4] maniobraba inteligentemente, pues con habilidad anuló una parte de las ordenanzas comprendidas en las Leyes de 1542 para debilitar las quejas de los rebeldes; otorgó a las encomiendas que hubiesen sobrevivido un carácter hereditario por tres vidas, y autorizó que se entregaran otras nuevas. Todas, sin embargo, deberían constituir una metamorfosis del principio de la renta en especie. Puesto que ahora los indios pasaban a ser tributarios del soberano, la encomienda se transformaba en una institución mediante la cual el rey cedía a un particular el beneficio al que la Corona tenía derecho. Las exhaustas finanzas del monarca estaban interesadas en recaudar sus tributos en moneda, medio de pago que engarzaba con la implementación del trabajo asalariado voluntario. Este, por supuesto, no significaba paso alguno hacia el establecimiento de relaciones capitalistas de producción; el hecho de que la renta-trabajo se transformara en renta-producto, y esta se mutara en renta-dinero, no alteraba en lo más mínimo, desde el punto de vista de la base económica, la esencia de la renta del suelo. Bajo otra forma, la encomienda continuaba siendo la antigua renta feudal en trabajo, pero transformada. A su vez, los jornales que recibieran los encomendados mediante el principio de trabajo pagado voluntario, deberían alcanzarles para sufragar sus tributos al rey o a los demás beneficiados individuales.

Las oportunas modificaciones a la legislación sobre Las Indias colocaron a la ofensiva a las fuerzas partidarias del absolutismo, que recibieron como nuevo jefe al modesto Pedro de la Gasca. Este capaz sacerdote pesquisidor de la Inquisición fue enviado a Nueva Castilla con plenos poderes, aunque sin acompañamiento militar, con el objetivo de que mediante procedimientos políticos deshiciera la rebeldía. Al llegar a Panamá, el habilísimo cura atrajo a su bando a Hinojosa, quien armó un fuerte ejército y puso a disposición real la flota de veinte buques bajo su mando. Tras desembarcar en el Virreinato, el inquisidor instigó para que Rodrigo de Salazar asesinara a Puelles el 9 de junio de 1547, quien recibió como recompensa considerables mercedes y la enorme encomienda de Otavalo. Con semejante forma de actuar y pocos enfrentamientos armados, De la Gasca logró que las fuerzas rebeldes menguaran con rapidez. Hasta que en Xaquixaguana, Pizarro y el incansable octogenario y arrojadísimo Carvajal, conocido como el Brujo de los Andes, fueron hechos prisioneros y luego decapitados. En abril de 1548, mientras sus cabezas se exhibían en Lima, a la mayoría de sus partidarios se les expulsaba de Nueva Castilla.

En Castilla del Oro, como la Corona llamaba al istmo de Panamá y territorios aledaños, acontecimientos similares ocurrieron poco después. Allí, al morir Pedrarias Dávila, su primer gobernador y capitán general, su yerno había heredado sus cargos y encomiendas. Por eso, al llegar a Nicaragua las reales disposiciones que prohibían a los gobernadores tener encomiendas, Rodrigo de Contreras cedió las suyas en herencia a su hijo mayor. Pero la Audiencia dictaminó que estos traspasos eran ilegales, y dispuso que esos indios pasaran al control de la Corona. Entonces Hernando de Contreras, nieto primogénito de Pedrarias, decidió encabezar en la zona una sublevación de los perjudicados. Para llevar a cabo sus propósitos, el audaz cabecilla se reunió con los restos de la tropa que bajo el mando de Pizarro había luchado en Perú contra la Corona, y que al final, tras la derrota, habían sido deportados a Nicaragua. Todos fueron a León, donde el 26 de febrero de 1549, Hernando arengó a los encomenderos y los condujo a la rebeldía. Entonces, los conjurados dieron muerte al obispo Valdivieso, quien dirigía la Inquisición, y asaltaron la Casa del Tesoro Real dando vivas al «príncipe» Contreras y a la Libertad. Después, mientras un grupo de insurrectos ocupaba la ciudad de Granada, los demás se dirigieron al puerto de Realejo, donde se apoderaron de los cuatro navíos anclados allí. Luego tomaron rumbo a Panamá, con la esperanza de navegar más tarde hacia Perú, en el que los antiguos adeptos a Pizarro, expulsados previamente de allá, pensaban retomar el poder fugazmente detentado, y proclamar a Hernando de Contreras como rey.

Durante la travesía, los rebeldes derrotaron a una escuadrilla absolutista que pretendía impedirles su avance, y por fin desembarcaron en la villa de Panamá, de la cual se apoderaron. Pero los habitantes de esta zona istmeña no estaban muy relacionados con el problema de las encomiendas; los pobladores originarios del área difícilmente resultaban explotables, debido al escaso desarrollo alcanzado, pues aún se encontraban en plena comunidad primitiva. Esto había inducido a los castellanos y sus descendientes que por allá vivían, a dedicarse sobre todo a las actividades comerciales vinculadas con los servicios y el cruce de personas o mercancías de un océano a otro. Esa diferencia de intereses motivó que los pobladores de Panamá preservaran su fidelidad a la Corona y reorganizaran sus fuerzas. Así, en abril de 1549, los rebeldes fueron expulsados de la ciudad, su cabecilla preso y decapitado, tras lo cual se exhibió su cabeza clavada en una pica en la plaza central, para escarnio de los enemigos del rey absolutista.

En 1550, la Corona recuperó parte del terreno que había perdido, prohibió a los encomenderos residir entre sus encomendados y vetó a aquellos la utilización de la mano de obra de estos. El rey trataba de evitar así que los belicosos castellanos pudieran tener el control de los indios, pues de lo contrario, como otras veces, los agresivos señores podrían convertirlos en fuerza de choque privada.

Debido a estas modificaciones, poco hubo que esperar para ver a los perjudicados marchar de nuevo por el camino de la guerra. En Nueva Granada, los feudales se sublevaron dirigidos por Álvaro Oyón; en Charcas, por Sebastián de Castilla; y en Perú, por Francisco Hernández Girón. Pero la correlación de fuerzas no favorecía a los rebeldes, y todos fueron aplastados en 1553.

Las protestas en Quito tuvieron un origen distinto por esa época al anunciarse que las tasas impositivas de las alcabalas se triplicaban hasta el seis por ciento. Entonces, el cabildo de San Francisco rechazó el alza del impuesto y movilizó a los propietarios, quienes encargaron al procurador general, Alonso de Bellido, pleitear su causa ante la Audiencia. Sin embargo, allí no lo escucharon y hasta lo enviaron a la cárcel, de la cual fue liberado gracias a una enérgica protesta de mujeres quiteñas. Pero estas lo vieron caer asesinado sospechosamente, en una calle de la ciudad, pocos días después. Entonces, el iracundo cabildo encargó al alcalde Martín Jimeno y al maese de campo Pedro Llerena, junto al enérgico concejal Diego de Arcos, la organización de una milicia propia bajo el mando del primero.

Enterado de esos acontecimientos, el virrey de Perú, Hurtado de Mendoza, marqués de Cañete, envió hacia allá una fuerte tropa regular comandada por Pedro de Acana, quien al llegar frente a Quito prefirió dialogar con los rebeldes. A ellos ofreció su total perdón y aplazar el aumento impositivo, si deponían las armas y accedían a luego negociar con las autoridades pertinentes de la hacienda real. Aceptada la propuesta, el confiado cabildo abrió las puertas de Quito y permitió la entrada de los soldados recién

llegados, quienes enseguida apresaron a los tres jefes de las fuerzas insurrectas junto a otros veintiún destacados integrantes de la
protesta, todos los cuales fueron ahorcaron de los balcones de sus
respectivos hogares. Terminaba así, a los veinticuatro meses de
haberse iniciado, lo que popularmente se conoció como La revolución de las alcabalas.

Mita y coatequil coloniales

Con el retorno de la paz, la Corona tuvo que dedicarse a enfrentar
graves problemas económicos. Resultaba insignificante la cantidad
de aborígenes que voluntariamente acudían a vender su fuerza de
trabajo a cambio de un salario, pues no comprendían el sistema
instituido. Por ello, los encomendados tampoco tenían moneda
para satisfacer el pago de sus tributos. En consecuencia, los mercedarios de haciendas, obrajes y minas no disponían de mano de
obra explotable ni los encomenderos percibían los montos asignados. La economía colonial amenazaba con paralizarse.

El rey hizo entonces surgir los repartimientos, bajo el principio
de que los aborígenes deberían trabajar por temporadas en los sitios
en que se les indicaran, para luego retornar con estricta regularidad
a sus lugares de origen, donde laborarían en el sustento propio. Los
caciques serían los encargados de suministrar la cantidad de trabajadores necesarios y recaudar sus salarios, con el fin de pagar los tributos a los encomenderos. A cambio, a estos jefes indígenas y a sus
primogénitos se les excluía de las coercitivas disposiciones y se les
autorizaba a apropiarse de una pequeña parte de la capitación adju-
dicada a los encomenderos. Los éxitos en la aplicación de este procedimiento fueron alcanzados, porque representaba la más apropiada
adecuación del sistema de laboreo periódico obligatorio que había
sido empleado en los Estados prehispánicos, para las tareas de relevancia social o de utilidad pública. Los repartimientos, también llamados mita y coatequil coloniales, fueron utilizados en haciendas,

minas y obrajes. Su empleo enseguida se convirtió en pilar de la economía de México, Yucatán, Guatemala, Nueva Granada, Quito y Perú. No obstante, ni los terratenientes, ni los mercedarios de artesanías indígenas y yacimientos mineros, podían apropiarse de todo el trabajo adicional producido por los siervos indígenas; so pena de perder la imprescindible mano de obra, tenían que pagar del plusproducto arrancado a los encomendados el tributo asignado a los encomenderos. Estos, por su parte, dependían de la buena voluntad de las autoridades coloniales, que podían propiciar la revocación de los privilegios autorizados por la Corona.

Años más tarde, siendo ya monarca Felipe II, hijo y sucesor desde 1556 de Carlos I, la Corona introdujo modificaciones en la práctica de los repartimientos y, además, suprimió las *terceras vidas* de las encomiendas, precepto que impedía a los nietos de los conquistadores percibir el tributo disfrutado por sus padres y abuelos. La resentida nobleza colonial mascullaba, que los desvelos de sus antecesores no recibían el adecuado agradecimiento de la monarquía, y atribuía al poder absolutista el deseo de ver a los descendientes de los conquistadores en la miseria; calumniaba al trono diciendo que pretendía hacerlos trabajar. Frenéticos, los perjudicados indianos —como se denominaba entonces a los hijos de los conquistadores castellanos nacidos en América—, juraron preferir la muerte antes de aceptar un futuro que mancillara su estirpe. Y decidieron emanciparse.

Nadie mejor que don Martín Cortés, segundo marqués del Valle de Oaxaca, para dirigir las huestes señoriles y ser designado rey cuando triunfase la conjura. A su alrededor se agrupó, de 1565 a 1569, el más selecto y ambicioso grupo de la descontenta aristocracia. Hubo, sin embargo, quien advirtiera a la Audiencia sobre los conspiradores. La institución, prevenida, tomó cartas en el asunto y con rigor reprimió a los complotados descendientes de los conquistadores. Varios de ellos fueron decapitados, y el cabecilla enviado a destierro perpetuo en España.

Las rebeliones antiabsolutistas de Hernando de Contreras y Martín Cortés, así como las de otros amotinados feudales nacidos en América, representaban la revuelta de un mundo en el cual las necesidades se satisfacían, en primer lugar, mediante el autoabastecimiento. Sus dominios se podían caracterizar de la siguiente manera: haciendas de reducida productividad, sin inversiones de capital, organizadas según concepciones autárquicas y con técnicas basadas en la azada, el machete, el hacha; fuerza de trabajo explotada por medio de la mita y el coatequil coloniales, u otras denominaciones similares, según los lugares; artesanías aborígenes de escasa producción; minas con arcaicos métodos de labores. De ese atraso se enriquecían los referidos parásitos medievales indianos, que se apropiaban de la renta en trabajo en cualquiera de sus manifestaciones. Eran estos los aristócratas que tenían choques con la Corona absolutista a partir de posiciones ultrarreaccionarias, pues defendían la servidumbre o dependencia personal, mientras que el monarca pretendía liquidarla para imponer su soberanía y beneficiar al fisco real.

Quizás en la referida nobleza colonial hubiera podido encontrarse alguno de los rasgos de la nacionalidad, pero esto se encontraba muy lejos de ser suficiente para que ella existiese, pues resultaba innegable que la economía indiana carecía de estrechos vínculos económicos entre las diferentes regiones de cada gobernación, capitanía general o virreinato.

La aristocracia indiana lamentaba la pérdida del poderío y los privilegios alcanzados por sus predecesores en tiempos de la Conquista, los cuales fueron barridos por el absolutismo implantado en América con las Leyes Nuevas y posteriores disposiciones complementarias. Esos feudales consideraron dichas medidas como un ataque a su posición y anhelaron romper los lazos con la Corona. Pensaron colocar a la cabeza de nuevos Estados a hombres de su clase, nacidos en nuestro continente, para así tener la libertad de explotar a su antojo a los indígenas. Se trataba de un transitorio independentismo feudal-monárquico, que ninguna huella visible dejó en la vida de los americanos, pues no hubo un solo hecho que le procurase alguna gloria. Dichos conflictos hubieran significado un hito en nuestra historia de haber hecho participar en la política, de algún modo, a otras clases sociales. Pero no incorporaron a los campesinos, el sector más numeroso de la población, al movimiento de lucha por la independencia; no había llegado aún la época del hundimiento del feudalismo. Por eso, la nobleza indiana no marcó sus proyectos con manifestaciones de progreso económico o social, ya que no podía acabar con el aislamiento de las diferentes regiones y mucho menos vincularlas entre sí.

En síntesis, no basta nacer en un sitio para ostentar determinada nacionalidad, pues el surgimiento de esta requiere la existencia de una colectividad social estable, históricamente formada, unida por la comunidad de idioma, territorio, vida económica y psicología manifestada en valores culturales propios, que la distingan de las demás. Solo con la aparición de todos esos rasgos se posibilita la aparición del referido y nuevo fenómeno social.

La monarquía absoluta de los Habsburgo tenía como fundamental preocupación encontrar fondos siempre mayores para nutrir las exhaustas finanzas reales. Y como este anhelo exigía que su poderío fuera superior al de la nobleza, la Corona dispuso que los indios fuesen vasallos libres y tributarios en moneda, del rey. Así el Trono percibiría nuevas recaudaciones en dinero, que le permitirían rellenar el eternamente vacío tesoro fiscal. Por la misma razón, la Corona más tarde dispuso la subasta de tierras baldías o realengas, con lo cual se hizo excepcional la entrega de nuevas mercedes. El monarca se preocupaba ya, en primer lugar, por obtener de sus territorios americanos las mayores ganancias posibles, y por eso se empeñó en crear en ellos una economía complementaria y dependiente, conformada a las necesidades de la metrópoli. Con vistas a alcanzar dichos objetivos, prohibió el cultivo en América de rubros españoles como la vid y el olivo, a la vez que estimulaba en el nuevo mundo el de las especias, la caña de azúcar, el añil, el cacao, la canela y similares, cuyos derivados eran susceptibles de ser transportados a Europa sin descomponerse. A la vez, impuso estancos o monopolios reales específicos para productos vitales como la sal, que se añadieron a la ya existente Casa de Contratación de Sevilla.

En ningún caso el soberano se propuso liquidar el feudalismo ni auspiciar más avanzadas relaciones de producción; solo quería disponer de la parte principal de la renta del suelo arrancada a los indígenas. Su cobro exigía, sin embargo, la presencia en nuestro continente de una clase social vinculada con los mismos intereses del monarca, la cual hiciera duradero el sistema. Y esta clase no podía ser otra que la de los feudales indianos.

La Corona y la aristocracia colonial tuvieron grandes diferencias, motivadas por sus respectivas ambiciones sobre la renta en trabajo arrebatada a los aborígenes. A pesar de ello, entre ambas partes existía completa convergencia de intereses sobre un acápite crucial: mantener el feudalismo. Era históricamente posible, por lo tanto, que tuviese lugar el entendimiento del rey español con los indianos. Y se produjo.

El soberano, por ejemplo, permitió que los terratenientes de México adscribiesen los indígenas a sus haciendas mediante subterfugios legales; surgió así el peonaje o servidumbre feudal hereditaria, basado en deudas que se decía que contraían los aborígenes durante su período de coatequil, y luego se trasmitían de padres a hijos. Aunque menos frecuente, en los territorios andinos a partir del cumplimiento de la mita aparecieron prácticas semejantes, denominadas según el lugar: pongueaje, huasipungo, concertaje, sayana, pegujal.

Quienes de esa manera explotaban la fuerza de trabajo indígena pagaban los tributos a los encomenderos, fuesen estos señores privados o el fisco real. Y así, la aristocracia indiana se convirtió en fiel aliada de la Iglesia católica y del Trono absolutista. Este apoyaba los intereses de los feudales y aquella, que los compartía, los bendijo. Por lo tanto, entonces no resultaba posible la aparición, dentro del mencionado estrato señoril, de antecesor alguno de cualquier nacionalidad americana.

2. Plantaciones criollas *versus* palenques y quilombos

La trata de esclavos africanos

En la isla de Santo Domingo, la producción de melado y azúcar quedó estancada a partir de 1506, es decir, desde sus propios orígenes; el producto solo se vendía en el mercado local, de exiguas proporciones. Pero en la segunda década del siglo XVI los precios del azúcar en Europa empezaron a subir. Y entonces, en Quisqueya se comenzó a pensar en dicha actividad como la única forma de continuar el enriquecimiento local, pues los yacimientos se agotaban —en 1519, apenas se obtuvo el equivalente de unos dos mil pesos oro en las minas—, y casi no quedaban indios. En esta colonia resultaba imposible establecer la servidumbre feudal por la ausencia de fuerza de trabajo explotable; incluso, muchos de los escasos aborígenes que sobrevivían, participaban en la heroica rebelión de Baoruco. Dicha guerrilla, dirigida por un indomable cacique al que llamaban Enriquillo, habría de durar tres lustros; quienes antes de la Conquista no conocieran la explotación de unos seres humanos por otros, se negaban a aceptarla. Por lo tanto, era imprescindible hacer surgir un nuevo interés económico que supliera la ausencia de la fuerza de trabajo servil. En esas circunstancias, algunos se decidieron a colocar sus dineros, acumulados durante los años de existencia de las encomiendas, en la construcción de molinos para producir azúcar y venderla en Europa. Pero llevar adelante los referidos proyectos requería considerables inversiones, pues había que importar a precios altísimos las herramientas o instrumentos de producción.

Los artículos más caros de un ingenio, molino azucarero que utilizaba fuerza motriz hidráulica, eran las grandes pailas de cobre, de las cuales cada uno necesitaba cinco o seis. En conjunto, el valor promedio de un ingenio podía oscilar entre doce y quince mil ducados, cifra considerable para la época. Y ponerlos en producción requería, una adecuada fuerza de trabajo.

Para resolver este problema, Carlos I autorizó la importación de cuatro mil africanos. El procedimiento utilizado para suministrarlos fue sencillo. Desde tiempos anteriores a la Conquista de América, los portugueses se habían dedicado a la trata de negros, que luego brindaban a los potentados ibéricos como esclavos para funciones doméstico-patriarcales. Ante la nueva situación, los negreros readaptaron sus mecanismos y vendieron la valiosa mercancía humana, tanto por vías legales como mediante el contrabando, a quienes requerían mano de obra productiva, la cual se garantizaba sobre todo por la trata; ya que resultaba más costosa la reproducción de los esclavos por la vía sexual, pues adquirir un africano adulto costaba entre noventa y ciento cincuenta pesos. Aunque este precio obligaba a los plantadores a cuidarlos para no perder su inversión, actitud muy diferente de la mantenida por los feudales indianos con los aborígenes, cuya fuerza de trabajo resultaba gratuita, resultaba más barato comprarlos que criarlos. Reproducir en la localidad la mano de obra esclava hubiese implicado que la madre no laborase, y correr el riesgo de que el recién nacido muriera. Después, habría que mantener al párvulo hasta que alcanzara la edad mínima en que pudiera desarrollar alguna faena útil. Frente a la trata, semejante procedimiento resultaba incosteable.

Gracias al continuo suministro de esclavos, la isla incrementó sus trapiches, molinos que utilizaban fuerza motriz animal, e ingenios. Ambos tipos de aceñas o maquinarias requerían el cultivo y corte de grandes cantidades de caña, pues se necesitaba un acre para producir ochenta arrobas, cada una vendida luego a dos ducados. Y cada trapiche o ingenio grande entonces llegaba a alcanzar volúmenes anuales que superaban las diez mil arrobas. Para su cultivo, la tierra se dividía en tres partes: una se dedicaba a la caña, otra se destinaba a la siembra y recolección de yuca y viandas necesarias para completar la alimentación de los esclavos, y el resto se empleaba como área de tala o recogida de leña para las calderas. De esta manera, enormes extensiones de tierra se fueron vinculando entre sí por la dependencia del molino azucarero, a la vez que estos forjaban sólidos nexos comerciales con los puertos y hacia ultramar con Europa. En un ingenio, según su tamaño, la población esclava podía oscilar entre sesenta y quinientos africanos, aplicados a todas las tareas necesarias. Así, los negocios marcharon prósperos. Los barcos llegaban al norteño Puerto Plata o al meridional Santo Domingo, y regresaban a Sevilla con cargas de azúcar, cuyo precio subía en Europa.

A medida que el proceso de la Conquista avanzó en tierra firme, La Española se convirtió en estratégica base de operaciones y abastecimiento. De la isla salían hacia el resto de América, tocinos, carnes saladas y hombres; hacia las tierras continentales embarcaba la parte más pobre de los nuevos moradores de Quisqueya, en busca de fortuna, pues en Santo Domingo era ya muy difícil enriquecerse; el oro se había agotado y los indios casi estaban extinguidos. En la ínsula, permanecían los que habían logrado posesionarse de propiedades importantes, o acumular dinero en la época de las encomiendas. Dichos propietarios con frecuencia se habían convertido en ganaderos, que vendían a los dueños de las plantaciones carnes baratas para que alimentaran a los esclavos de sus ingenios; cuando estas no se salaban carecían de todo uso, pues entonces no existía otro procedimiento que evitara su descomposición. Por tal motivo, para esta ganadería, cuyos dueños no se agruparon en asociaciones feudales como la mesta, los cueros se convirtieron en el principal producto destinado a la exportación. El cuidado y caza de animales que pastaban libremente por sabanas y montes, se realizaba generalmente por esclavos al mando de capataces y mayorales.

El contrabando: piratas y corsarios

La Casa de Contratación de Sevilla, dedicada a evitar la participación de otras potencias en el saqueo de América, no satisfacía las necesidades comerciales de plantadores y ganaderos. Con el propósito de obviarla, y evitar también almojarifazgos aduaneros así como cualquier tipo de asiento[5] o estanco real, los propietarios en La Española recurrieron al contrabando o mercado ilegal. Esta práctica, unida a los frecuentes asaltos en alta mar de navíos españoles que regresaban a la península cargados de oro, plata, azúcar, cueros, impulsó al monarca absolutista a establecer un sistema de flotas. Aunque inaugurado en 1543, dicho sistema adquirió sus características definitivas veinte años más tarde. Funcionaba el método a base de convoyes custodiados por buques de guerra que zarpaban de Sevilla dos veces al año, y tras hacer escala en las Canarias se dividían; una parte navegaba a Veracruz, México, y la otra iba hacia Cartagena, Nueva Granada y Portobelo, en el istmo de Panamá. Desde ahí, las cargas se transportaban en arrias hasta el Pacífico, donde se embarcaban hasta el puerto del Callao, anexo a la capital virreinal de Lima. De regreso, atiborradas de metales preciosos y especias, las naves se concentraban en La Habana antes de cruzar el Atlántico. Según los nuevos preceptos para comerciar, Quisqueya y Puerto Rico solo podían enviar buques desde Santo Domingo y San Juan hasta los puertos que recibían la visita de las flotas. Como era de suponer, con tales procedimientos los costos de transportación se multiplicaron y el tráfico mercantil disminuyó. Contrario a las esperanzas de las autoridades absolutistas, el contrabando entonces aumentó, auspiciado por los propios ganaderos y plantadores que negociaban sin intermediarios, amparados por los cabildos, cuyos cargos ellos mismos ocupaban. Los nuevos vínculos brotaban en las regiones más alejadas de las bahías habilitadas para traficar con la metrópoli. Por lo tanto, los intereses de estos nativos de América, a quienes se les denominaba criollos, fueron contraponiéndose a los del absolutismo, pues resultaban perjudicados por sus reglamentaciones.

Los vecinos de La Española, de forma reiterada, solicitaron por intermedio de sus procuradores que se les permitiera comprar mercancías europeas a los países que las producían y se les autorizara a vender en ellos directamente sus cueros y azúcares. Pero todas las peticiones fueron rechazadas. La situación se agravó en el último tercio del siglo XVI, cuando la afluencia de metales preciosos baratos originó en España una inflación que elevaba los precios más que en el resto de Europa. A partir de entonces, las producciones de estos países del Viejo Continente invadieron el mercado español, y arruinaron lo que allí había de manufacturas y frutos agrícolas exportables. Así, desde la novena década de aquella centuria, las mercancías no españolas preponderaron en el comercio realizado por la propia Casa de Contratación de Sevilla. De esa forma España se convirtió, cada vez más, en simple intermediaria parásita entre América y Europa.

En Quisqueya, los criollos estaban atentos a esta evolución: sabían que pagaban por las manufacturas importadas seis veces su precio original y, al mismo tiempo, se veían obligados a vender sus exportaciones a precios bastante inferiores a los pagados en Amberes, El Havre, Londres o Génova. No podía sorprender, por lo tanto, que los plantadores y ganaderos de la colonia se dedicaran a vender de contrabando azúcares y cueros, para comprar a cambio esclavos, jabones, vinos, harinas, telas, perfumes, clavos, zapatos, medicinas, papel, frutos secos, hierros, acero, cuchillos y muchísimos otros artículos. Ese intercambio cobró fuerza en los puntos que se encontraban más alejados del puerto de Santo Domingo, y sobre todo por la costa norte.

Un buen ejemplo de esta ilícita forma de negociar quizás se pudiera encontrar en las actividades de un marino y comerciante inglés que traficaba con las Canarias, llamado John Hawkins, quien se enteró de la situación prevaleciente en La Española y se decidió a aprovecharla. Ligado por matrimonio con capitalistas enriquecidos después de las confiscaciones de tierras que en Inglaterra se habían hecho a la Iglesia católica, Hawkins encontró apoyo en ellos. Así, la compañía formada compró tres barcos, que bajo su mando zarparon rumbo a Tenerife, donde él avisó a amigos suyos relacionados con Puerto Plata acerca de su futura visita. El trío de buques después se dirigió a Sierra Leona, adquirió trescientos negros, y cargado de esclavos y mercaderías llegó en abril de 1563 al referido puerto de Quisqueya. Amenazado allí teatralmente por las autoridades, Hawkins se alejó hasta la desierta bahía de La Isabela, donde se realizó el intercambio de productos; entonces, funcionarios, sacerdotes y vecinos, vendieron sus azúcares y cueros a cambio de manufacturas inglesas. El negocio fue fabuloso, pues el precio en Europa de dichas exportaciones criollas era de cinco a diez veces más alto que el pagado por la Casa de Contratación. Por ello, al tenerse noticias en Santo Domingo de estos sucesos, los funcionarios absolutistas despacharon una fuerza de sesenta hombres al norteño puerto, con el fin de que confiscara todos los bienes ilegalmente adquiridos.

En el último lustro del siglo XVI, cuando la guerra de independencia de los Países Bajos se decidía en perjuicio de las tropas españolas de ocupación, la burguesía holandesa se lanzó a una ofensiva marítima contra las posesiones de Felipe II. Después de ingleses y protestantes franceses o hugonotes, los flamencos acometieron el contrabando. La magnitud de ese intercambio ilegal era tan considerable, que solo para sus negocios con La Española y Cuba los holandeses dedicaban al año veinte barcos de doscientas toneladas cada uno. El tráfico llegó a totalizar ochocientos mil florines al año, cifra considerable para fines de aquella centuria.

Al ocupar el trono en 1598, Felipe III se dispuso a suprimir el llamado comercio de rescate en América, con el fin de beneficiar a la Casa de Contratación y al erario absolutista. Una de sus más importantes medidas, anunciada en enero de 1603, consistió en ordenar el despoblamiento de las costas alejadas de los principales centros del poder colonial. Referencia especial hizo del litoral norteño de Quisqueya, y sobre todo de las regiones circundantes a Puerto Plata, Bayajá y la Yaguana.

En Cuba, la villa que más contrabandeaba era Bayamo, no afectada por dicha medida por encontrarse situada tierra adentro, pero negociaba con los extranjeros por el río Cauto, una apropiada vía fluvial de la región oriental. Por eso el teniente gobernador se personó en dicha ciudad con cincuenta arcabuceros, dispuesto a suprimir el clandestino tráfico. En poco tiempo, alcalde, regidores, sacerdotes y vecinos importantes quedaron incluidos en un proceso judicial, que impuso penas muy fuertes. Incluso, contra muchos de los que habían escapado de la ciudad y se negaban a comparecer ante un juez, se dictaron sentencias de muerte con pérdida de bienes. Pero las autoridades no se atrevían a ordenar el traslado de los presos hacia La Habana, pues había más de doscientos bayameses apostados en los caminos para liberar a los prisioneros. Bloqueados, los arcabuceros y sus jefes permanecieron junto a los condenados más de seis meses, sin arriesgarse a abandonar la villa, hasta que la Audiencia de Santo Domingo impuso juicio de residencia al propio teniente gobernador. La máxima autoridad colonial en Cuba se quejó entonces ante el rey contra los oidores de La Española, lo cual provocó la intervención directa de la Corona, que al final otorgó una oportuna amnistía.

En Quisqueya, los acontecimientos fueron mucho más graves. El conflicto se inició al llegar a la isla la despobladora Real Cédula, que provocó enardecidas protestas de los cabildos de Santo Domingo y la Yaguana, lugar de asentamiento de un importante ingenio. Después, transcurrieron meses de inútiles argumentos jurídicos y razonamientos económicos criollos, hasta que en febrero de 1605 el gobernador de la ínsula, al frente de sus fuerzas, salió hacia el litoral norteño dispuesto a cumplir el edicto absolutista. Cuál no sería su sorpresa, al constatar que los vecinos de la región septentrional se habían concentrado en el valle de Guaba y tomado por jefe al ganadero Hernando de Montoso, antiguo alcalde de Bayajá, para que los dirigiese en una insurrección. Los enfrentamientos armados, que aglutinaron del lado criollo a blancos, mulatos y negros libres, duraron más de dos años; incluso, la lucha continuó después de haber sido declarados traidores y rebeldes los alzados. Al no poder capturar a Montoso y sus guerrilleros, la furia del absolutismo se desató sobre todo tipo de sospechoso, debido a lo cual más de setenta personas fueron ahorcadas por desacato a las disposiciones reales.

De esta forma se evidenciaba que, luego de un siglo de establecidas las colonias, plantadores y ganaderos introducían en dichas islas una creciente división social del trabajo que ligaba a los diferentes territorios entre sí, y a todos con algún puerto hacia el extranjero. Empezaba a forjarse así la necesaria e indisoluble unidad económica entre las diversas regiones; se trazaban caminos y se desarrollaban vías de comunicación. Se iniciaba, en fin, una existencia común de todos los pobladores, que representaban ya una colectividad social estable formada durante más de cien años, que además de poseer un mismo idioma, tenía una conformación mental y ética propia, muy diferente a la que había entre los peninsulares. Dicha psicología comenzó a reflejarse en valores literarios originales, como *Espejo de Paciencia*, escrita por Silvestre de Balboa en 1608, lo que evidenciaba una fisonomía espiritual distinta de las demás; su esencia se expresaba en peculiaridades culturales formadas durante generaciones como resultado de condiciones específicas de existencia. Dichas características desempeñaban un papel aglutinador y constituían una idiosincrasia al ser asimiladas y puestas en práctica, a partir de los criollos, por todos los miembros del grupo, fuesen blancos, mulatos, o negros libres. Surgía así la comunidad de cultura.

Brasil en el siglo XVI

En Brasil, así nombrado por la proliferación en sus costas del referido palo tintóreo, la factoría establecida en 1503 cerca de Porto Seguro, fue la primera de varias implantadas con carácter provisional en dicho litoral por los lusitanos. Poco después, también mercaderes franceses recorrieron gran parte de esas orillas oceánicas y se asentaron en las zonas no ocupadas por los portugueses. Pero unos y otros abandonaban sus fortines-almacenes tan pronto se agotaban las maderas colorantes de los alrededores, por lo cual esa práctica liquidó en algunos decenios las apreciadas matas costeras. Eso motivó que el ciclo de la extracción del palo brasil terminara, sin propiciar el surgimiento de verdaderos poblados europeos.

La creciente rivalidad entre los gobiernos de Lisboa y París convenció al rey lusitano de lo imperioso que resultaba colonizar las posesiones que el Papa le había otorgado en América. De no hacerlo, tendría que resignarse a perderlas. Por tal motivo, una expedición real portuguesa con cinco naves y cuatrocientos hombres acometió en 1530 la referida tarea, con tres objetivos principales: repartir tierras, eliminar cualquier presencia francesa y encontrar plata u oro, para satisfacer la sed de estos metales desatada en Europa tras el saqueo de México por Cortés. El empeño se inició a partir de una concepción plenamente feudal, pues se dividía a Brasil en doce capitanías generales basadas en las llamadas

Cartas de Donación. Cada una de estas otorgaba a su beneficiario un sector lineal, de entre cien y treinta leguas de costa, indefinido en profundidad hacia el interior. Los donatarios transmitirían en herencia sus respectivas capitanías según principios similares a los del mayorazgo, y en ellas tenían jurisdicción civil y criminal, pues podían conceder tierras, libres de derechos al ponerlas en producción, excepto el del diezmo. Estos concesionarios, a su vez, luego cedían parcelas a campesinos para que las cultivaran mediante la aparcería. También acorde con las costumbres de Portugal, en sus capitanías los donatarios dispensaban el rango de villa a los poblados, nombraban a sus alcaldes y oidores, e impedían la entrada de cualquier corregidor o tribunal, pues ellos solamente eran enjuiciables por la Corona. Esta, además, monopolizaba la extracción del palo brasil, así como el tráfico de esclavos y de especias o drogas, y debía recibir la quinta parte de todos los metales y piedras preciosas que fueran encontrados. En cambio, el comercio de los demás productos se declaró libre, tanto para los donatarios como para cualquier portugués morador de las capitanías, quienes podían venderlos en la colonia o exportarlos hacia Europa, fuese a la metrópoli o a otro país. Al mismo tiempo, se dispuso que el intercambio entre Portugal y Brasil no fuese gravado por más impuestos que los tradicionales de las aduanas, pues solamente los extranjeros abonarían un recargo del diez por ciento sobre el precio de las mercancías.

La escasez de fuerza de trabajo europea inmigrante y las dificultades para utilizar la ineficaz y rebelde mano de obra indígena, por encontrarse en la comunidad primitiva, motivaron el fracaso de la agricultura feudal. En contraste, en San Vicente y Piratininga, núcleos originarios de las ciudades de Santos y Sao Paulo, y sobre todo en Pernambuco, tomaron auge la cría de ganado, la siembra y recolección del algodón, más el cultivo de la caña. Desde ese momento, la economía de plantación y en especial la azucarera, cuyos precios subían en Europa, se convirtió en el centro de la naciente sociedad brasileña, que importaba y explotaba esclavos africanos. Pero la compra de esclavos y de molinos requería cuantiosas inversiones, razón por la cual los pequeños propietarios no podían convertirse en plantadores. Incluso, muchos concesionarios, sin grandes recursos propios, con frecuencia tuvieron que acudir a banqueros y negociantes en Portugal u Holanda, para financiar la adquisición de medios de producción y fuerza de trabajo. De esta manera, enormes extensiones de tierras se vincularon entre sí por la dependencia de los molinos o aceñas azucareras, y luego forjaron sólidos nexos comerciales con los puertos y, hacia ultramar, con Europa.

El fracaso de las concepciones feudales de colonización motivó que las capitanías fuesen unificadas en una Gobernación General en 1549, la cual acicateó el combate contra los franceses e indígenas. Además, dicha instancia gubernamental prohibió en Brasil que se cultivara trigo, se elaborasen bebidas alcohólicas o se fabricaran artículos de loza y herramientas, disposiciones que tenían por objetivo propiciar la compra de harina, vino y útiles de trabajo en Portugal. También se dispuso la venta de tierras realengas a quienes desearan adquirirlas y se auspició la construcción de nuevos molinos de caña, cuyas exportaciones de azúcar se gravaron con el quinto real, lo cual resultaba muy beneficioso al fisco absolutista. Las esperanzas de la Corona estaban cifradas en incrementar aún más el mutuo intercambio comercial; entonces a dicha actividad se dedicaban cerca de treinta navíos, que anualmente transportaban ciento ochenta mil arrobas de azúcar, ciento veinte mil de palo brasil y cantidades algo menores de algodón. La importancia de estas cifras se comprende al saber que, un acre de tierra producía ochenta arrobas de caña, y los mayores molinos procesaban hasta diez mil, con una dotación de quinientos esclavos al precio de cien cruzados cada uno. La inversión total promedio de dichos ingenios oscilaba alrededor de los treinta y cinco mil cruzados, pues además de la tierra había que adquirir hombres, máquinas y bestias. En realidad, para la época, resultaba una cifra considerable.

Durante el cuarto de siglo transcurrido desde la creación del Gobierno colonial unificado, los territorios de Brasil experimentaron una gran diferenciación, pues en la parte meridional, los calvinistas franceses, casi siempre denominados hugonotes, habían desarrollado serios intentos por apropiarse de la bahía de Guanabara, así como del área de Cabo Frío. Para expulsar a esos intrusos de dichos territorios, los lusitanos tuvieron que luchar por más de dos décadas hasta 1576, lapso durante el cual la economía de dicha región estuvo semiparalizada.

En contraste, en Pernambuco, apartado de la prolongada lucha contra esos invasores, surgieron tendencias autonómicas basadas en sus progresos económicos. Por eso, en 1573 la Corona creó una demarcación septentrional que iba desde la zona de Islas hasta Itamaracá, con Bahía por capital. Dicha Gobernación abarcaba la mitad de la población de Brasil y era su principal centro de riquezas, dado que poseía más del cincuenta por ciento de los ingenios de la colonia. Así, debido a esa intensa actividad azucarera, en la referida parte septentrional brasileña se comenzó a forjar la unidad económica susceptible de vincular con solidez las distintas áreas, pues se trazaban caminos y se desarrollaban las vías de comunicación. Se iniciaba, en fin, una existencia común para todos los pobladores, que empezaban a estructurarse en una colectividad social estable: la de los criollos.

Los holandeses en Pernambuco

La desaparición del rey lusitano en el combate de Alcazarquivir en agosto de 1578 creó un problema dinástico, ya que en Portugal no había descendiente directo al Trono y varios aspirantes se lo disputaban. Entonces Felipe II de España decidió la pugna al enviar sus tropas a ocupar el contiguo Estado y después ceñirse él la Corona, en abril de 1581, bajo el nombre de Felipe I. Pero no hubo que esperar mucho para que este revelara su desastrosa política hacia los predios lusitanos; a los cuatro años el nuevo monarca arrastró a Portugal a la guerra contra los Países Bajos, luego de confiscar todas las naves flamencas ancladas en el puerto de Lisboa. La réplica no se hizo esperar. Imposibilitados de comprar especias y productos exóticos en Portugal, los mercaderes holandeses navegaron directamente hasta las propias fuentes de suministro, que eran dominios lusitanos. Pero también en estos se les impidió negociar. Entonces, se creó en 1602 la Compañía Holandesa de las Indias Orientales, dedicada a saquear y apropiarse de los territorios del enemigo portugués. La eficaz actividad de esta compañía logró la total interrupción del comercio de especias entre Lisboa y la India en 1612. A partir de ese momento, los gravámenes sobre el azúcar de Brasil adquirieron una importancia enorme para Portugal, pues el flujo de ingresos por ese concepto debía suplir los antes logrados en Asia. Afortunadamente para ellos, dicha colonia ya era el primer productor azucarero del mundo; en la segunda década del siglo XVII se fabricaban allí unos cuatro millones de arrobas de azúcar al año en cerca de trescientos ingenios, la mitad de los cuales se encontraba en Pernambuco.

En dicha región de Brasil, el poderío de los plantadores era tan grande, que con sus propias fuerzas enfrentaban con éxito a los franceses, empeñados ahora en instalarse en la zona del litoral comprendida entre Paraíba y el Amazonas. Pero este conflicto terminó abruptamente, con el comprensivo acuerdo de 1615 que devolvía a Portugal sus territorios a cambio de aceptar la presencia de algunos hugonotes en ellos. La causa del precipitado entendimiento radicaba en la preocupación de la Corona filipense por la creciente penetración inglesa y holandesa a través del río Amazonas. Como esto representaba un peligro mayor para la soberanía lusitana, el Trono aplaudió que un año más tarde plantadores pernambucanos fundaran la villa de Belem, la cual dominaba el acceso a la mencionada e importantísima vía fluvial. Dicha región quedó englobada en 1621 dentro de la nueva Gobernación General de Maranhao, que incluía Ceará y Pará, lo cual evidenció la intrascendencia dada entonces por Felipe al Tratado de Tordesillas, pues dichos territorios se encontraban del lado español de la referida línea fronteriza.

Las incursiones de los comerciantes de los Países Bajos por las costas brasileñas se incrementaron, cuando en 1621 se constituyó la Compañía Holandesa de Indias Occidentales. Esta empresa, homóloga de la instituida para el Levante, se formó con capitales de calvinistas y judíos, ampliados más tarde mediante la venta pública de acciones. Sus poseedores, al final de cada año recibían dividendos cuya magnitud era proporcional a las ganancias logradas en dicho lapso. La compañía se administraba de forma autónoma, con un Consejo General formado por miembros electos cada seis años por los accionistas más ricos de cada provincia holandesa. Dicho cuerpo contaba con una Junta Ejecutiva compuesta por dieciocho personas y un representante de la Asamblea General de la Nación, única instancia que supervisaba los asuntos de esa entidad. En ella, aunque el Estado burgués era el principal inversionista, solo actuaba como un asociado más.

La compañía holandesa, además de comerciar y poder ocupar territorios con el propósito de colonizarlos, tenía también autoridad para guerrear con sus propias Fuerzas Armadas contra todos los dominios de Felipe. En los predios de su incumbencia, la compañía podía asimismo autorizar que otros empresarios privados negociaran. Esto, a cambio del pago de una *prima de reconocimiento*, práctica mediante la cual se resolvían muchas pugnas en el seno de la empresa, como la que oponía a los poderosos comerciantes de Ámsterdam con los de Zelandia.

A partir de su creación, la Compañía atacó a los navíos ibéricos por doquier, y preparó un gran asalto en 1624 contra Pernambuco. Aunque disponía de veintiséis navíos, quinientos cañones y más de tres mil hombres, la resistencia de los criollos ayudada por efectivos militares ibéricos derrotó la invasión. Para levantar nuevos fondos, buques de la referida empresa holandesa, al mando del famoso Peter Pieterszoon Heyn, más conocido por Pieter Heyn o *Pata de Palo*, capturaron treinta barcos portugueses en Bahía en 1627, y al año apresaron en las costas de Cuba a casi toda la llamada Flota de la Plata. Con ese botín, superior a los quince millones de florines, se efectuó una generosa distribución de beneficios y se organizó otro ataque contra Pernambuco en 1630. Dichas fuerzas estaban ahora compuestas de cincuenta barcos, mil cien cañones y más de ocho mil hombres. La guerra fue larga, pues los plantadores y los hombres bajo su mando lucharon durante varios años contra el ocupante a partir del cuartel general criollo en el Arrial do Bom Jesús, a una legua de Olinda y Recife. Pero el continuo arribo de refuerzos a los holandeses terminó por vencer la resistencia de los pernambucanos, que no contaron con ayuda exterior alguna. Y el propio Arrial cayó en junio de 1635 después de un bloqueo de casi cuatro meses. Entonces, unas ocho mil personas iniciaron una amarga retirada rumbo al sur, ruta que estuvo jalonada de penalidades y muertes, con centenares de tumbas cavadas en el camino, hasta llegar a la región de Porto Calvo, donde los criollos se hicieron fuertes y la convirtieron en su bastión, desde el cual partían constantemente guerrillas que le hacían imposible la vida al invasor.

Johan Maurite, conde de Nassau-Siegen, miembro de la reinante familia de Orange, fue designado por la Compañía como gobernador de Nueva Holanda para un período de cinco años; fue así como los agresores, en honor a su patria de origen, redenominaron a Pernambuco. Bajo su habilísima dirección, en poco tiempo se tomó Puerto Calvo en marzo de 1637, así como Ceará al norte y Sergipe al sur.

Él también envió una exitosa expedición a San Jorge de la Mina, en el africano golfo de Guinea, para desde allí suministrar esclavos a la colonia. Y después de esos triunfos, desarrolló una política de aproximación a los criollos pernambucanos que aún permanecían en el lugar, a quienes otorgó créditos y otras facilidades, con el propósito de que recuperasen sus anteriores niveles de producción.

En Portugal, el primero de diciembre de 1640, era un momento apropiado, pues al mismo tiempo en Cataluña tenía lugar una poderosa sublevación contra el Gobierno de Madrid, que a su vez estaba en guerra con Francia. En los Países Bajos, de inmediato hubo una favorable acogida hacia la insurrección portuguesa, pues la Corona española se convertía así en enemiga común de todos. Por ello, en junio de 1641 los gobiernos lusitano y holandés, concluyeron para los territorios de ultramar una alianza militar que establecía una tregua de diez años. Pero esto, de hecho, reconocía explícitamente la posesión de Pernambuco por la Compañía de Indias Occidentales. Dicho pacto, sin embargo, no detuvo la lucha entre invasores y pernambucanos, quienes en 1642 acometieron la reconquista de Maranhao, que culminaron con éxito a los dos años. Y en 1645, antiguos combatientes del Arrial do Bom Jesús se sublevaron en Camaragibe y Tabatinga. Estas fuerzas nativas, en las cuales había blancos, representados por el paraibano André Vidal de Negreiros, mulatos y negros libres, acaudillados por el gran Henrique Dias, derrotaron a los holandeses en el Monte de las Tabocas y en el ingenio Casa Forte. Tras victorias semejantes, se generalizó la insurrección hacia las tierras meridionales, financiada mediante el pago de sustanciales impuestos por los plantadores a las autoridades rebeldes. Esto puso de manifiesto los sentimientos de solidaridad existentes entre los criollos, lo cual significaba una importante diferenciación con los portugueses, y prefiguraba la imagen de una nueva sociedad. A su vez, el distanciamiento y las contradicciones entre la metrópoli y los criollos se pusieron en evidencia cuando el rey de Portugal censuró la rebeldía pernambucana y ordenó al gobernador general de Brasil que colaborase en su represión.

La paz de 1648 entre España y Holanda no alteró la proyección de la Corona portuguesa hacia Pernambuco. Incluso, al ser creada un año después la Companhia Geral dos Comercios do Brasil, se precisó que solo negociaría con los territorios sureños, únicos considerados lusitanos. Dicha empresa mercantil tenía carácter burgués, pues el Estado feudal no era accionista, y la autónoma Junta Directiva compuesta de miembros electos solo estaba subordinada al rey; contaba con treinta y seis navíos para realizar dos convoyes anuales, por medio de los cuales se ejercía el monopolio de vinos, aceites, harinas y bacalao portugueses, así como el del palo brasil. Aunque libres, los demás artículos debían ser transportados por buques que se incorporasen a la referida flota mediante el obligatorio pago de un *derecho de protección*.

El estallido de una guerra entre Inglaterra y los Países Bajos en julio de 1652, alentó a los criollos a planear la toma de Recife, último bastión holandés en Pernambuco. Para alcanzar dicho propósito se logró un acuerdo con los mandos de la Armada de la referida Compañía General, que aceptó colaborar en dicha misión. El asalto por tierra y mar se inició a principios de 1654, y a los diez días los sitiados pidieron conversaciones para capitular. Pero en las entrevistas, los holandeses se esforzaban por vincular su rendición a negociaciones entre los Países Bajos y Portugal. Entonces, los pernambucanos exigieron que el trámite culminara solo con ellos, de manera desvinculada a cualquier tratado entre ambos Estados europeos. De esa manera, tras firmarse la paz la noche del 26 de enero, el victorioso Ejército criollo ocupó la ciudad y todas sus fortificaciones.

El triunfo pernambucano reveló el poderío de los plantadores, capaces de encabezar un formidable movimiento popular contra los ocupantes extranjeros, financiarlo y vencer. En esa lucha ocuparon un sitio todas las clases y grupos sociales libres, bajo la dirección de los dueños de ingenios, en un proceso que mostró cuánto se diferenciaba ya la poderosa comunidad de intereses forjada por los criollos, de la existente en Portugal. El éxito dio a los pernambucanos la conciencia de sus fuerzas y derechos, y los ratificó en la forma de hacerse respetar. Se evidenciaba así el progreso alcanzado en constituir una colectividad social estable, formada en dichos territorios durante un siglo, con idioma y vida económica comunes, así como con una psicología propia, que se reflejaba en un ascendente *nativismo* cultural. Esto se expresaba ya en trabajos literarios como la notable *Historia do Brasil*, escrita en 1627 por el bahiano Vicente de Salvador, en la cual su autor expuso los contrastes y diferencias que había entre criollos y metropolitanos en todo un sinfín de cuestiones.

Aunque en el siglo XVII los pernambucanos se encontraban dentro de una formación socioeconómica feudal, Brasil se caracterizaba por la ausencia de una base económica como la existente en los territorios andinos de Hispanoamérica. En la colonia portuguesa la Iglesia católica carecía de un importante patrimonio económico, pues no hubo servidumbre indígena que lo sustentara; todos los aborígenes de Brasil se encontraban en la comunidad primitiva, y por eso resultó imposible que aceptaran la súbita explotación de unos seres humanos por otros.

Tampoco la poderosa burguesía anómala[6] de Brasil, esclavista y agropecuaria, tuvo que sufrir monopolios comerciales tan severos como el de Sevilla. Sin embargo, los avances de la libertad mercantil con frecuencia se detenían, como sucedió, por ejemplo, con la mencionada Companhia Geral, cuyas actividades en Recife evidenciaron que disfrutaba de una autonomía considerada excesiva por la Corona. Por eso, en 1664, esta alteró las normas constitutivas de dicha empresa al disponer que sus capitales pasaran al Gobierno, a cambio de entregar a sus antiguos dueños una participación en el estanco del tabaco. Al mismo tiempo, la vieja Junta Directiva electa fue disuelta, y sus funciones pasaron a un órgano semifeudal de dirección nombrado por el rey, quien dispuso que dicha instancia se conformara en términos de paridad con miembros de la más rancia nobleza y burgueses.

Los acontecimientos pernambucanos acaecidos entre 1624 y 1654, demostraron la disposición criolla para defender objetivos propios y progresistas, contra los reaccionarios intereses de la Corona absolutista. Pero la conciencia emancipadora estaba lejos aún, pues el amor al suelo patrio se mezclaba todavía con algunos sentimientos de fidelidad hacia la metrópoli. Por ello, en vez de luchar por su independencia con el propósito de establecer un Estado propio, los criollos combatieron por restablecer en Pernambuco la soberanía de Portugal.

Reino de Ganga Zumba en Palmares

El surgimiento de las plantaciones, desde sus inicios implicó el imprescindible uso de la fuerza de trabajo de los esclavos traídos de África mediante la trata, quienes siempre mostraron su insumisión. Esta se evidenció desde que por primera vez los africanos fueran introducidos en América, por La Española, donde se sabe que a partir de 1522 hubo esclavos sublevados. Se calcula que veinte años más tarde, en los palenques o refugios que habían erigido en las montañas de dicha isla, había entre dos y tres mil esclavos fugitivos o cimarrones. Estos, sin embargo, no pensaban en revolucionar la sociedad que los explotaba, sino que deseaban huir de ella para refugiarse en áreas de difícil acceso. Luego, una vez libres, buscaban agruparse con los que hablaran su misma lengua y pertenecieran a su propia tribu; se organizaban de manera autárquica, de acuerdo con las tradiciones culturales específicas de sus muy diferentes regiones africanas. En síntesis, trataban de reconstruir la vida familiar que en su continente habían conocido, basada en la consanguinidad y usos o costumbres relacionados con una ínfima división social del trabajo, como la existente en sus respectivas localidades de origen. Por ello los integrantes de los distintos grupos apalencados eran escasos, y no tenían gran cohesión entre sí; sus miembros regresaban a condiciones primitivas de existencia, en las cuales apenas medraban en la lucha contra la naturaleza y sus peligros; vivían completamente abrumados por las dificultades de su azarosa comunidad tribal, caracterizada por los lazos étnicos.

En Brasil, los esclavos también se escapaban de las plantaciones, ingenios y corrales de ganado, y se refugiaban en las selvas, donde formaban *mocambos*. Estos eran humildes poblados bajo el mando de los hombres más hábiles en la guerra o en la conducción de las actividades productivas y demás asuntos de la comunidad, electos por el conjunto de los fugitivos. Pero con el tiempo dichos jefes comenzaron a apropiarse del plusproducto logrado por quienes cultivaban en colectivo la tierra comunal, y exigieron que se les denominara ganga, del bantú *ngana*, es decir, señor. Empezaban así a constituirse grupos elitistas, que acometieron el desarrollo de estructuras estatales semejantes a las conocidas por la mayoría de ellos en sus Estados africanos de procedencia.

Las fugas de esclavos se multiplicaron con la ocupación de Pernambuco por la holandesa Compañía de Indias Occidentales, cuando gran cantidad de ellos lograron huir al *matto* o selva. Esta afluencia auspició que muchos mocambos se asociaran en diversas especies de federaciones, conocidas como quilombos. Entre todos ellos, el más importante fue el de Palmares, así llamado por la gran cantidad de estas plantas monocotiledóneas existente en dicha región de Alagoas. Constituido por hombres de origen bantú, a fines de la cuarta década del siglo XVII contaba con una docena de poblados, varios gobernados por miembros de la misma familia. En él fungía como capital el mocambo de Macaco, habitado por unas siete mil personas, y cuyo jefe era el ganga zumba (gran señor) o monarca despótico, pues en esta sociedad se habían generado ya grandes diferencias de clase. El rey negro poseía campos agrícolas que otros le trabajaban, tenía una residencia palaciega o Mussumba y dos casas personales, más otra adicional para su parentela. Recibía, además, el auxilio de funcionarios y guardias que vivían en moradas cercanas a las suyas, quienes asimismo le brindaban grandes honores y privilegios, pues a su llegada todos se arrodillaban, batían palmas e inclinaban la cabeza en gesto de sumisión.

A pesar de esto, los gangas locales disfrutaban de gran autonomía y solo se supeditaban al principal en cuestiones de interés general, como por ejemplo la guerra o ataques a plantaciones. Dicha práctica tenía gran importancia, ya que sus filas las engrosaban así con más africanos. Sin embargo, estos solo podían considerarse libres si por decisión propia se habían juntado a los rebeldes; los demás, capturados o traídos a la fuerza no perdían su condición de esclavos, aunque podían redimirse si llevaban al mocambo a otro africano cautivo.

Pero no todos los vínculos de los aquilombados con los criollos fueron bélicos, pues desde un principio concertaron un activo contrabando con las villas más próximas, como Porto Calvo, Serinhaém, y Alagoas. De esa forma entregaban productos de la tierra, objetos de cerámica, peces, animales de caza, a cambio de manufacturas, armas de fuego, ropas, herramientas y aperos agrícolas.

El conde de Nassau-Siegen ordenó una gran ofensiva contra Palmares en 1644, defendido por dos líneas de empalizadas hechas con troncos, así como por fosos y estacas puntiagudas. Los resultados fueron magros: dos aldeas destruidas y varias decenas de cimarrones muertos. Un año más tarde, otro destacamento punitivo solo encontró mocambos abandonados, pues sus ocupantes habían descubierto que en vez de desafiar las modernas armas europeas, resultaba más conveniente replegarse hacia la tupida selva. Después, en parte gracias a dicha estrategia, los quilombos disfrutaron de veinte años de paz.

Los pernambucanos, alcanzado ya en 1667 su definitivo triunfo sobre los invasores europeos, acometieron al enemigo interior. Pero los héroes de la guerra contra los Países Bajos, vieron frustrados sus empeños por vencer a los exesclavos, pues más de veinticinco expediciones suyas fracasaron en siete años. Luego de tantos reveses, las fuerzas criollas cambiaron algunas de sus tácticas; comprendieron que sus soldados no combatían igual a los negros —en busca de su libertad—, que a los holandeses. También se dieron cuenta de que resultaba imprescindible eliminar, en primer lugar, la base de sustentación material de los fugitivos. Por ello, ordenaron destruir los cultivos de los mocambos abandonados, para que al regresar del monte, no dispusieran de alimentos. Asimismo, acordaron permitir que la tropa vendiese a los cimarrones atrapados. De esa manera, los pernambucanos lograron muchos éxitos a partir de 1675. Pero el mayor se alcanzó a los tres años, cuando los jefes criollos llegaron a un entendimiento secreto con el ganga zumba y su élite; dicho acuerdo dividió las fuerzas del quilombo entre privilegiados y preteridos. Estos le dieron muerte a su rey cuando se enteraron de que, a cambio de promesas sobre el mantenimiento de sus privilegios, el monarca se había comprometido a entregar Palmares.

Después, las escindidas fuerzas de los cimarrones fueron en veloz decadencia. Y la embestida criolla de 1694, compuesta por más de tres mil hombres de Pernambuco, Alagoas y Sao Paulo, con artillería y recursos, los exterminó. Quienes salvaron la vida fueron devueltos a sus propietarios, mientras las cabezas de los líderes, clavadas en picas, se exhibieron por las calles de Recife para escarmiento de los esclavos.

Diversos factores explican la derrota del quilombo de los Palmares. Ante todo la falta de unidad psicológica entre la élite dominante y sus gobernados; resulta inconcebible la existencia de una comunidad espiritual en un estadillo, donde los sectores dirigentes prefieren sumarse al enemigo antes de ver en peligro su privilegiada posición. Y el ganga zumba junto a su grupo gobernante, para evitar la esclavitud propia, estaba dispuesto a sacrificar sus ancestrales costumbres, lengua, religión e, incluso, la libertad de los demás miembros de su comunidad. Por eso, entre dichos cimarrones no surgió ningún antecedente de la nacionalidad, pero ello no es óbice para que la historia recoja su lucha como una de las más heroicas manifestaciones del eterno combate de los esclavos por alcanzar su redención.

3. Colonialismo inglés y francés en el Caribe

Reinado de Tudores y Estuardos

Inglaterra, a fines del siglo XVI, era un país en el que preponderaba la agricultura y la inmensa mayoría de su población vivía en el campo, dedicada sobre todo a la cría de ovejas y a la producción de alimentos. Pero simultáneamente las manufacturas se desarrollaban con gran rapidez, ya que los comerciantes exportaban tejidos y la extracción de hulla cuadruplicaba la del resto de Europa, insumo vital para fabricar hierro, estaño, cristal, jabón, construir barcos. Al sustituir la venta de materias primas, como la lana, por la exportación de productos terminados, se multiplicaron las perspectivas del mercado exterior inglés. Este cambio originó una proyección colonialista, dado que Inglaterra necesitaba controlar aquellas partes del mundo sobre las cuales tenía miras económicas. Y la derrota de la mal llamada Armada Invencible, que Felipe II enviara para doblegarla, le proporcionó al Gobierno de Londres la oportunidad de manifestarse con libertad en los mares. Sin embargo, dicha victoria provocó al mismo tiempo, que la burguesía inglesa observara con más atención las restricciones que dificultaban su expansión dentro del país.

La Cámara de los Comunes empezó a atacar a la monarquía, con el propósito de limitar sus intenciones de reglamentar la vida económica inglesa. Estas novedosas proyecciones políticas reflejaban ascendentes conflictos de clase, pues el capital necesario para el desarrollo manufacturero afluía ya de mercaderes, traficantes de esclavos y piratas que habían amasado grandes fortunas. También provenía de quienes se habían enriquecido con la adquisición de las tierras de la Iglesia católica expropiadas por la Corona Tudor, y prosperaban en ellas con prácticas burguesas. Pero el desarrollo del novedoso sistema económico tropezaba todavía con fuertes obstáculos, pues aún tenían importancia los gremios u organizaciones feudales que implicaban restricciones a la competencia, debido a sus controles sobre los precios, la calidad y la fuerza de trabajo. En medio de tales contradicciones, Inglaterra se convertía en una comunidad indivisible, en la cual los burgueses buscaban posibilidades de inversión en múltiples actividades, sin importarles luego dónde se vendían sus productos, siempre que fuese con utilidad.

Aunque en el mercado interno la competencia tendía a liquidar los monopolios feudales, hacia el exterior aún prevalecían compañías sobre las cuales el Trono proyectaba sus simpatías, pues les vendía su protección además de otorgarles generosas Cartas de Privilegio o exclusividades para llevar a cabo determinada actividad. Así, a principios del siglo XVII, aparecieron en Inglaterra sociedades por acciones dedicadas a la colonización de América, entre cuyos más notables objetivos se encontraba la conquista de algunas islas del Caribe, erróneamente denominadas «inútiles» por los españoles.

En Inglaterra, las mayores dificultades surgieron durante la Corona de los Estuardo, pues bajo los reinados de Jacobo I y de Carlos I, para los burgueses la existencia de la monarquía absoluta se tornaba cada vez más en un arcaico elemento político. Mientras, para los terratenientes feudales, dicho Trono resultaba imprescindible, no solo porque el rey fuese el mayor y más parasitario de ellos, sino también debido a que requerían crecientemente de sus favores. Esto, porque en esos momentos sus ingresos permanecían estáticos, en tanto que los de la burguesía crecían a pasos agigantados. Por ello, la Corona estableció gravámenes adicionales, empréstitos forzosos, y otorgó estancos para el control de manufacturas, como las del carbón, alumbre, jabón y otras más, en beneficio de los ociosos feudales, lo cual producía choques con los intereses de los perjudicados burgueses, que eran quienes los pagaban.

A medida que se ampliaba la escisión entre estos y aquella, los opositores presbiterianos arreciaban sus ataques a la oficialista Iglesia anglicana con el mismo ardor que en la Cámara de los Comunes criticaban a la monarquía. En general, los burgueses reclamaban que en el país se establecieran las condiciones necesarias para la acumulación de capital, pues afirmaban que Inglaterra se retrasaba frente a los Países Bajos. Y cuando en 1628 los burgueses del Parlamento protestaron en su Petición de Derechos contra las prácticas de la Corona, el rey clausuró dicha institución. A partir de entonces, y durante más de una década, se gestó una situación revolucionaria, hasta que en 1639 la burguesía se negó a pagar más impuestos. La invasión de Inglaterra ese año por un ejército escocés tornó explosiva la coyuntura, que se hizo incontenible con la crisis económica de 1640. La maquinaria estatal entonces dejó de funcionar y el rey tuvo que convocar a otro Parlamento, el cual destruyó la vieja burocracia gubernamental, evitó que el Ejército permanente fuese controlado por el soberano, abolió los nuevos gravámenes financieros y estableció el dominio burgués sobre la oficial Iglesia anglicana.

La Revolución de Cromwell

El problema de la dominación de Irlanda, donde las tropas inglesas se tambaleaban debido a una revuelta en 1641, amplió el cisma entre ambos bandos, manifestado en la Gran Protesta de los Comunes. Así, en el verano de 1642, comenzó la guerra entre el lado reaccionario y el de la revolución. En este, Oliverio Cromwell pronto se destacó por la disciplina de su tropa, en la cual los ascensos se obtenían por mérito y no por nacimiento, y porque había adoptado un método democrático de reclutamiento y organización, base del llamado Nuevo Ejército Modelo, que alcanzó un triunfo definitivo en 1645. Pero al año, luego de prohibirse la inmovilizada propiedad feudal debido a la ley que metamorfoseaba toda la tierra en mercancía capitalista, empezaron a diferenciarse las filas de la revolución.

El ala derecha, los presbiterianos, estaba formada por la burguesía agraria, así como por la comercial, que disfrutaban del respaldo de Londres, y, satisfechas en sus aspiraciones, soñaban ya con un entendimiento con el rey.

La puritana tendencia de izquierda, conocida por la denominación de *levellers* y constituida por la pequeña burguesía, tanto urbana —artesanos y comerciantes al menudeo— como rural, se componía de la *yeomanry*, que explotaba poca fuerza de trabajo asalariada. Sus integrantes deseaban grandes cambios, tales como: completa libertad de comercio y consecuente eliminación efectiva de los corruptos estancos, abolidos ya formalmente por el Parlamento; separar la Iglesia del Estado; suprimir los gremios; seguridad para la pequeña propiedad; reformar la ley sobre deudas; establecer una república; ampliar la franquicia parlamentaria; implantar el sufragio universal masculino. Pero todas esas demandas eran rechazadas por la burguesía.

El movimiento de los *diggers*, por su parte, era un empeño de proceder por acción directa al agrarismo en beneficio de los miembros del proletariado rural, los cuales planteaban que la tierra debía ser de quienes la cultivaran.

El empuje de las fuerzas más progresistas, en definitiva logró que el rey Carlos I Estuardo fuese ejecutado, abolida la Cámara de los Lores, y proclamada la República. Esto, sin embargo, no satisfizo a los levellers, quienes argüían que no se contemplaban sus reclamaciones económicas y sociales, por lo cual se rebelaron. Pero fueron derrotados en mayo de 1649 por Cromwell, en Burford, tras lo cual entraron en descomposición. En ello, mucho influyó que los pequeños propietarios más prósperos, fuesen campesinos o artesanos, marcharan ya camino de transformarse plenamente en burgueses.

Cromwell impuso el dominio de la nación inglesa sobre Irlanda y confiscó los bienes de muchos propietarios y campesinos vencidos. Después, envió como esclavos hacia Barbados a las familias de los más renombrados insurgentes. Allí, años después, sus congéneres africanos los denominarían *pieles rojas*, debido al encarnizado efecto que los fuertes rayos del sol tropical ejercían sobre tan blancas epidermis. Luego, el gran jefe revolucionario conquistó Escocia, para evitar que la restauración del antiguo régimen proviniese de ella; desarrolló una política comercial basada en la Ley de Navegación de 1651, que llevó a Inglaterra a la prosperidad al imponerse sobre Holanda y demás rivales en el control del gran negocio marítimo; anunció en 1655 su *Western Design*, diseñado para arrebatar a España sus territorios caribeños y propagar en ellos la colonización inglesa; expropió las últimas pertenencias feudales, y estableció la propiedad burguesa con derecho absoluto ante cualquier instancia del poder; prohibió todo tipo de gremio, corporación, estanco y monopolio; demolió las fortalezas y desarmó a los caballeros; vendió las remanentes tierras de la Iglesia, así como las de la Corona, para financiar las actividades gubernamentales; disolvió el Parlamento existente y en su lugar nombró una junta compuesta por la alta oficialidad, llamados *Los Grandes*; se proclamó lord protector y dictó una constitución.

Acorde con esta, se creó un nuevo Parlamento a base de franquicias de doscientas libras esterlinas, lo cual no tenía carácter democrático pues excluía del voto a los pequeños propietarios, al solo permitir que lo ejercieran los adinerados burgueses. Luego, en 1657, esa decisiva instancia del poder impuso sobre el Ejército revolucionario su control financiero; dio al Protectorado un carácter electivo y no hereditario; creó una segunda y elitista Cámara, la Alta; y sometió a Cromwell, quien murió al año siguiente. Después, su hijo y sucesor fue depuesto, tras lo cual ambos cuerpos parlamentarios coronaron, en mayo de 1660, a Carlos II.

Este rey, sin embargo, estaba ya subordinado al Parlamento, por lo cual la Restauración no reinstituyó el viejo sistema feudal. Al Trono, en realidad, se le hacía imposible volver a vivir por cuenta propia, ya que dependía de la burguesía. Se evidenció, no obstante, que la derrota de los levellers en Burford había hecho inevitable el restablecimiento de la monarquía, pues las dificultades de la burguesía agraria con los sectores populares, que deseaban abolir los nuevos latifundios capitalistas, hacían palpable la conveniencia de sostenerse en el poder político mediante componendas con los terratenientes del antiguo régimen que hubieran sobrevivido.

El compromiso de 1660 se mantuvo hasta que Jacobo II Estuardo, torpe sucesor católico de su estéril y difunto hermano, cometió el error de creer posible un retorno a prácticas absolutistas. Entonces tuvo lugar, como después se dijera, el episodio relativamente insignificante de 1689, al que los historiadores liberales señalaron con el nombre de *la Revolución Gloriosa*. Se denominó así al derrocamiento del equivocado rey, porque se llevó a cabo sin luchas sociales ni posibilidades de que renacieran las demandas democráticas.

No obstante, ella tuvo como colofón una Declaración de Derechos y un Acta de Tolerancia, que afirmaba la libertad de culto para los cristianos e imponía límites a la Corona al afianzar la supremacía del Parlamento. Y al año, John Locke expuso su obra *Segundo Tratado de Gobierno*, en la cual afirmaba que este no se ejercía gracias a una facultad divina sino mediante un contrato con los habitantes, quienes tenían toda la razón para rebelarse si se violaban sus derechos naturales a la vida y las libertades.

Barbados, Jamaica y la Mosquitia

En el Caribe oriental, despoblado por la acción bélica de los españoles, el territorio de Barbados estaba ocupado desde 1627 por fuerzas a sueldo de un audaz comerciante y aventurero llamado William Courteen. Este, en esa fecha arrendó dicha isla al conde de Carlisle, quien delegó en él la autorización para conquistarla que le otorgaba una Carta de Privilegio recibida de su amigo el rey inglés. Tiempo después, se entabló una lucha entre los partidarios del primero y los del segundo, que al cabo de dos años terminó con la victoria de los vinculados al monarca. Estos por esa época desarrollaban la práctica de emplear la fuerza de trabajo de los *indentured servants*, o campesinos expulsados de sus predios en Inglaterra por el cercado de los campos, quienes eran muy pobres para pagar su pasaje hasta el Caribe. Y con el fin de apropiarse de su capacidad laboral, los arrendatarios les pagaban el viaje a la isla, a cambio del compromiso de que cultivaran el suelo durante un período que oscilaba entre cinco y siete años, y al término de este tiempo debían recibir unos cuatro acres de tierra. Aunque dichos inmigrantes, descontentos por el tratamiento que se les daba en la colonia, protagonizaron motines y conspiraciones; en la metrópoli inglesa había tantos desempleados que siguieron llegando a buen ritmo; entre los desembarcados había gente diversa, algunos de los cuales alcanzaron mucha notoriedad, como el archifamoso Henry Morgan.[7]

En Barbados, hacia 1650 había treinta y seis mil seiscientos blancos libres, de los cuales once mil doscientos eran *yeoman* o pequeños propietarios, que en su mayoría se dedicaban al tabaco y apoyaban la República. Pero ese año, la gran cantidad de nobles exiliados en la isla se impuso, con la ayuda de los esclavos irlandeses, sobre los partidarios de la revolución, cuyas propiedades fueron confiscadas. Los *realistas* de inmediato reconocieron como nuevo soberano a Carlos, hijo del ejecutado monarca, en un gesto de abierto desafío que de hecho implicaba el establecimiento en ese territorio antillano de un régimen independiente. Pero Cromwell logró que sus fuerzas derrotaran la reaccionaria tentativa barbadense a fines de 1651, tras lo que se despojó de sus tierras a todos los enemigos de la República y se restableció la esclavitud blanca. Después se acometió la realización del Western Design.

Después de un fracasado ataque a Santo Domingo en abril de 1655, debido a la tenaz resistencia de los criollos, los efectivos ingleses tomaron rumbo a Jamaica, la cual fue exitosamente ocupada en mayo del mismo año. Después, con el propósito de equiparar el intercambio comercial entre la metrópoli y sus distintas posesiones coloniales en América, el Gobierno de Londres impuso cuantiosos gravámenes al tabaco del Caribe; mientras, auspiciaba su cultivo en Virginia, pues deseaba estimular las menguadas exportaciones norteamericanas. En cambio, se dispuso la multiplicación de la caña de azúcar por las Antillas inglesas, ya que la siembra de dicha planta no era apropiada en latitudes septentrionales.

La política colonial inglesa entró en conflicto con el incremento de la demanda de fuerza de trabajo en la metrópoli, razón por la cual en Inglaterra se promulgaron leyes que dificultaban la emigración de los pobres, quienes deberían convertirse en asalariados en su propio país de origen. Entonces, como en el resto de América, en el Caribe inglés se recurrió al uso de esclavos africanos para que trabajasen las plantaciones. Pero estas con frecuencia eran poseídas, a diferencia de lo que ocurría en Hispanoamérica o en Brasil, por propietarios absentistas, que enviaban al trópico sus capitales mientras permanecían en Inglaterra. De esos casos, tal vez el más notable haya sido el de la compañía Merchands of London, dueña de diez mil acres de buena tierra en Barbados. De esta manera, en las tierras inglesas de las Antillas no surgió un poderoso grupo social *criollo*.

La fuerza de trabajo esclava africana llegaba a las Antillas anglófonas mediante el llamado *comercio triangular*, debido al cual se enviaba azúcar crudo a Inglaterra, de la que partían armas, telas y chucherías para África, donde se obtenían esclavos. Dicho tráfico, la trata, permitió que en 1684 en Barbados su número ascendiera a más de sesenta mil, lo cual significaba una proporción de cuatro africanos por cada inglés, ya que el número de estos decrecía con rapidez, pues los blancos pobres libres no tenían perspectivas halagüeñas en la isla. La gran introducción de esclavos africanos provocó desde un inicio numerosas insurrecciones, tales como la llevada a cabo en Barbados en 1675 por miembros de la tribu africana coromantí, o la proyectada a los veinte años por los ashanti, quienes planeaban coronar a uno de los suyos, Cuffy, como rey de la isla. Pero debido a la escasa dimensión de esta colonia, resultaba difícil para los rebeldes resistir el empuje de las bien armadas tropas inglesas.

Distinta fue la situación en Jamaica, donde los esclavos escapaban de las numerosas grandes plantaciones para refugiarse en la agreste naturaleza que permitía luchas prolongadas. Un ejemplo de estas lo ofrecieron Cudjo y sus hermanos, sublevados al frente de miembros de la tribu coromantí hasta que las autoridades coloniales se decidieron a negociar con ellos. Este pacto de 1738, llamado Articles of Pacification with the Maroons of Trelawny Town, amnistiaba a los insurrectos y les otorgaba mil quinientos acres de tierra en la zona que controlaban, a cambio de su compromiso de capturar o luchar contra otros cimarrones.

En contraste con Jamaica, el Gobierno de Londres no perseguía en el litoral caribeño de Nicaragua el propósito de establecer una colonia de plantación; su deseo era imponer por esa zona su presencia para desestabilizar el dominio hispano y, en algún momento, convertir en realidad sus propios sueños canaleros. Con ese objetivo, los ingleses se asociaron con los misquitos, en eterna rivalidad con las contiguas tribus indígenas de ramas y sumas, y empezaron a conformar lo que tal vez podría considerarse como un enclave militar. Era una asociación relativamente armoniosa, mediante la cual dichos pobladores recibían armas y entrenamiento, a cambio de suministrar maderas preciosas con las cuales más tarde se construían buques en Europa. Por esa época, las referidas costas recibían también la frecuente visita de piratas, bucaneros y filibusteros, algunos de los cuales, encabezados por Abraham Blawedlt, decidieron fundar Bluefields; deseaban que este fuera el punto de enlace con los demás aventureros o malhechores, quienes pululaban por la zona, procreaban con las nativas de la localidad e, incluso, habían hecho suyas las islas de Roatán, Guanaja y otras más.

La existencia de la mencionada villa portuaria, facilitó que el corsario Edgard David, acompañado de algunos jefes misquitos, navegara río arriba por el San Juan en 1665. Después, asaltó el fuerte San Carlos, custodio del lago Nicaragua, cuyas aguas surcó hasta topar con el pequeño istmo de Tipitapa, el cual cruzó para más tarde saquear la ciudad de Granada. Esta había sido, hasta ese momento, centro del comercio legal que se efectuaba por las aguas del lago y el río hacia el Caribe, rumbo a La Habana y Cartagena. Tras dicha exitosa expedición, a los dos años, un cacique misquito llamado por los anglófonos Oldman, con el apoyo de los ingleses, se proclamó príncipe de la Dinastía Mosca. Esta hizo suyo el territorio al que se le dio el patronímico de Mosquitia, el cual a partir de entonces recibió gran respaldo de Inglaterra.

Gobiernos de Richelieu y Colbert

En Francia, después de las *guerras de los hugonotes*, el absolutismo recobró su anterior trascendencia y adquirió una orientación clasista más evidente. Dado que la base económica de los nobles era la agricultura, la Corona decretó algunas reformas para beneficiarlos. Ninguna de esas medidas, sin embargo, mejoró la situación de los campesinos, a quienes el predominio de la propiedad feudal sobre la tierra y la persistencia de la aparcería, así como la existencia de tributos medievales, fuesen la *taille* o la *gabelle*, les hacían la vida imposible. El mercantilismo, sin embargo, fue progresista, aunque no afectara los intereses vitales de la nobleza, pues auspiciaba el desarrollo del comercio y la industria. Y como dicho auge incrementaba las percepciones del fisco real, Enrique IV[8] limitó las importaciones, alentó el comercio exterior, y creó grandes manufacturas estatales.

Durante el reinado de Luis XIII, Richelieu[9] mantuvo la misma política; en el agro afirmó la preponderancia de la renta feudal del suelo, mientras otorgaba subsidios, privilegios y exenciones tributarias a los burgueses para que auspiciaran la producción urbana. También se construyó una flota numerosa, con el propósito de facilitar el éxito de las compañías comerciales semiburguesas destinadas a colocar los cimientos del colonialismo francés. Entre dichas entidades monopolistas, financiadas parcialmente por el Gobierno, fue muy importante la de Indias Occidentales, creada en 1664, la cual surgió con la experiencia acumulada de sus menos afamadas predecesoras, tales como la Compañía de la Isla de San Cristóbal, de 1626, y su homóloga Compañía de las Islas de América, que en 1635 había comenzado por apoderarse de Guadalupe y Martinica para adueñarse de algunas otras islas después.

En la segunda mitad del siglo XVII, el absolutismo francés adquirió sus manifestaciones más depuradas, por cuyo motivo la política mercantilista alcanzó máximo esplendor. El destacado ministerio de Colbert[10] fue quien lo impulsó con el propósito de obtener más dinero para las necesidades del Trono, en constante aumento. Hasta su política manufacturera se inspiraba sobre todo en consideraciones de orden fiscal, pues de dicho sector así como del comercio percibía notables tributaciones. A partir de entonces se adoptó el criterio de que resultaba imprescindible superar las importaciones con las ventas francesas al exterior, por lo que se impusieron altas tarifas aduaneras y se auspiciaron las exportaciones generadas por numerosos productores, tanto de índole privada como real. Pero estas concepciones no implicaban el deseo de proteger y ampliar el mercado interno, considerado como simple apoyo del exterior. Era este en el que la Corona cifraba sus esperanzas, como única manera de auspiciar el desarrollo de las fuerzas productivas sin realizar reformas en el reino. En realidad, la práctica de Colbert se dirigía a fortalecer las reminiscencias del pasado, por ejemplo, los gremios, a pesar de que alentaba a la burguesía manufacturera, a la que pretendía controlar por medio de títulos nobiliarios, monopolios para sus producciones, atribuciones judiciales y privilegios. Por ello, las posibilidades objetivas de un verdadero desarrollo económico bajo el *colbertismo* eran muy reducidas, pues la burguesía francesa, sin controlar aún el poder político, como ya lo hacían sus homólogas en Holanda e Inglaterra, rehuía invertir sus capitales en empresas arriesgadas o que no fueran muy rentables. Dicha clase prefería lucrar con el arriendo de servicios y la compra de cargos oficiales, o con los empréstitos de la deuda pública.

La decadencia económica de Francia comenzó hacia 1685, motivada por el predominio de la agricultura basada en la servidumbre de los campesinos aparceros, la gran propiedad feudal y la inmunidad de los privilegios sociales de la nobleza. También en ese año se abrogó el Edicto de Nantes[11], por lo que tuvo lugar una masiva emigración de ricos hugonotes, que se trasladaron a Inglaterra, Holanda y Suiza. Además, las guerras dinásticas, los dispendios de la corte y de la aristocracia, así como los favoritismos, absorbían cuantiosas sumas de las siempre vacías arcas reales, a pesar de que el Gobierno no cesaba de aumentar los impuestos. Esos tributos feudales agobiaban a los empobrecidos campesinos, provocaban el hambre de los obreros, y disgustaban a los burgueses. No podía extrañar, por tanto, que se produjeran diversas insurrecciones populares. Así, en la década del sesenta habían tenido lugar revueltas campesinas en Gascuña y Rosellón, además de los motines de Orleans y Bourges. En los años setenta estallaron insurrecciones de siervos en Languedoc, Bretaña y Guyena. Y, en 1702, se rebelaron los *camisards*. Aunque todos fueron aplastados por las tropas del rey, esos movimientos conmovieron los cimientos del feudalismo y representaron un testimonio del profundo descontento de la ascendente nacionalidad francesa con el régimen absolutista.

Martinica, Guadalupe y Haití

Al constituirse, la Compañía de las Islas Occidentales recibió las ínsulas ya conquistadas de San Cristóbal, Martinica, Guadalupe, Granada, Desirade, María Galante, San Bartolomé y Santa Cruz, habitadas en total por menos de cinco mil franceses. Al mismo tiempo, dicha entidad monopolista estableció un tratado de paz con los caribes de Dominica y San Vicente, lo cual le permitió emplear algunos de sus puertos y tierras, a cambio de respetar a los feroces guerreros caníbales el uso del resto de ambos islotes. En 1665, la Compañía también empezó a establecer su autoridad sobre las despobladas costas del noroeste de La Española, con frecuencia visitadas por corsarios, piratas, filibusteros y bucaneros. Tan próspero resultó este empeño, que al ser disuelta la empresa a los diez años, para que sus territorios pasaran al control directo de la Corona, dicha colonia contaba ya con más blancos que el conjunto de los demás dominios franceses en el Caribe. España, sin embargo, no reconoció esas posesiones francesas hasta la Paz de Ryswick[12] en 1697, cuando tuvo que admitir las pérdidas que había sufrido. Entonces, la burguesía francesa se dispuso a colocar sus dineros en ese desarrollo colonial, que empezó a considerar como un buen negocio. Decayó con rapidez desde ese momento la vieja práctica de contratar *engagés*. Esta había consistido en llevar antiguos siervos de Normandía para que trabajasen los suelos antillanos a cambio de alguna perspectiva de emancipación. Sin embargo, esa costumbre resultaba ya demasiado onerosa para cosechar el azúcar, la mejor inversión americana de aquellos tiempos. Por lo tanto, dichos capitalistas recurrieron a la fuerza de trabajo esclava africana, a la par que erigían numerosos ingenios.

Saint Domingue, como se llamaba por esa época a Haití, alcanzó a mediados del siglo XVIII notable trascendencia por sus plantaciones, en las cuales crecían el añil, el café y, sobre todo, la caña de azúcar. El auge de la colonia conllevó el crecimiento del comercio y de las ciudades portuarias, así como el de los centros locales de administración y otras villas o poblaciones urbanas, unidas todas entre sí por múltiples caminos. La cifra de habitantes superaba el medio millón de personas, compuesta por casi treinta mil mulatos, unos cuarenta mil blancos y el resto esclavos. Estos, sin embargo, se diferenciaban de sus hermanos de clase de las demás regiones de América por dos rasgos básicos: en primer lugar, habían desarrollado su propia lengua o *patois creole* a partir de la mezcla de los diferentes dialectos africanos con el francés, en segundo lugar, contaban con una ideología producto del sincretismo entre las tradicionales creencias africanas y la religión católica. Se llamaba vudú, y sus sacerdotes fungían como verdaderos orientadores de los esclavizados, tanto de los que vivían en las plantaciones como de quienes estaban fugados en los montes o *marronage*. Casi la mitad de los esclavos vivían en las zonas septentrionales de Haití, donde los franceses tenían sus refinerías y mayores propiedades rurales. En general, los dueños de estas eran absentistas y solo las visitaban en algunas oportunidades, por lo cual fueron *petits blancs* o administradores quienes se ocupaban de la marcha de los negocios. Dicho grupo de individuos y sus familias, junto con algunos artesanos y otros pequeñoburgueses blancos, formaban la médula de la tendencia colonizadora y racista. Odiaban y discriminaban a los conocidos como *gens de couleur,* en su mayoría mulatos ricos, dueños de la cuarta parte de las numerosas plantaciones de la región meridional, que representaban el verdadero núcleo del *criollismo.* Estos administraban personalmente sus propiedades, participaban del comercio y constituían el eje cultural de esa parte de la isla.

Capítulo 3

Crisis del colonialismo en América

1. Reformas metropolitanas al sistema colonial

La Guerra de Sucesión Española

El siglo XVIII se inició con la Guerra de Sucesión Española (1701-1714),[1] entre cuyas causas se encontraba un problema mercantil; al coronar a un Borbón en el Trono de Madrid, Luis XIV pretendía abrir las colonias hispanoamericanas al comercio francés e impedir que la Casa de Contratación de Sevilla adquiriese más productos ingleses, preponderantes hasta entonces en las compras europeas de ese monopolio feudal. Por eso, Inglaterra entró en dicho conflicto y obligó a Portugal, mediante el Tratado de Methuen, a participar también en él, junto con Holanda, y a favor del pretendiente sugerido por Austria.

Durante la contienda, los británicos se esforzaron por desmembrar el imperio colonial español, para lo cual en 1709 cinco buques británicos, al mando de Woodes Rogers atacaron Guayaquil. Este era un importante puerto visitado dos veces al año por la flota de la Casa de Contratación, cuyas necesidades mercantiles auspiciaban el desarrollo del astillero, solo comparable entonces por su importancia en América con el de La Habana. En el golfo ecuatoriano, los ingleses se apoderaron el 2 de mayo de la isla de Puna, y desde ella sus efectivos se lanzaron a ocupar la ciudad portuaria, que mantuvieron cinco días en su poder. Pero sin poder avanzar más allá, los agresores se retiraron tras haber despojado a sus pobladores de cincuenta mil pesos oro.

Durante el conflicto, soldados británicos junto con tropas misquitas, conducidas por el recién proclamado rey Aníbal I, primogénito del fallecido Oldman, también atacaron los fuertes del nicaragüense río San Juan. Al mismo tiempo, con semejante colaboración de caribises, cuyos efectivos se habían ya mezclado con fugitivos de los buques esclavistas accidentados por ese borrascoso litoral, en poco tiempo avanzaron en sus propósitos de implantarse en Belice, así como en las contiguas zonas atlánticas de Honduras y Costa Rica.

Heterogeneidad en el Río de La Plata

A la vez, se reavivó la lucha hispano-lusitana en torno al Río de la Plata. Esta región se había desarrollado mucho desde que, en 1536, el adelantado Pedro de Mendoza y una docena de navíos con dos mil hombres llegaran al referido estuario, y en sus costas implantaran el fuerte de Nuestra Señora del Buen Aire. Luego, Mendoza envió hacia el Chaco a Domingo Martínez de Irala y un poco después a Juan de Salazar Espinosa; ellos, al regreso de varias expediciones por los confines del río Paraguay, construyeron en sus márgenes el fortín de Asunción, el 15 de agosto de 1537, cuya existencia facilitó el surgimiento allí de un poblado. Pero sin haber encontrado en América una cura para su vieja sífilis, el adelantado decidió regresar a España, en cuyo viaje murió. Entonces, la Corona designó para sustituirlo a Alonso Cabrera, quien ante los continuos embates de los aborígenes, ordenó arrasar el pueblo del Buen Aire en 1541, con el propósito de que todos sus habitantes se avecindaran en Asunción. Esto se cumplió, aunque en su retirada los castellanos dejaron tras sí algún ganado bovino y caballar fugitivo.

Con el paso del tiempo, se comprendió cuán errada había sido la precipitada medida devastadora. Por eso, desde este asentamiento se envió al vizcaíno Juan de Garay, quien tenía experiencia por haber establecido la villa de Santa Fe en 1573, para que refundase Buenos Aires. Ello tuvo lugar siete años más tarde, el 11 de junio de 1580, en un entorno enriquecido con el hallazgo de inmensos rebaños salvajes, vacunos y caballares, asombrosamente multiplicados gracias a los excelentes pastos y magnífico clima de la Pampa. Entonces, Garay declaró propiedad común de él y sus acompañantes los ochenta mil cuadrúpedos encontrados y, al mes de haberse restablecido la existencia de dicho poblado, zarpó hacia España el buque *San Cristóbal de la Buena Ventura* con un importante cargamento de cueros.

En 1593, junto a la ya referida gobernación de Cuyo y las existentes en Paraguay y Tucumán, se estableció la paralela y equiparada de Buenos Aires, a la que al año, sin embargo, se le prohibió todo tráfico directo con ultramar por el Atlántico. Estas dos últimas gobernaciones fueron fundidas en una sola en 1617, por lo cual en la gigantesca geografía del Río de la Plata solo pervivieron dos demarcaciones separadas, con poblaciones de magnitudes similares. Una, con sede en Asunción, y la otra, en Buenos Aires, esta última encargada de combatir el contrabando por el enorme estuario. Tres años más tarde, ambas quedaron supeditadas al Virreinato de Perú, cuya capital era Lima.

Durante el resto del siglo XVII, la economía colonial rioplatense se caracterizó por rasgos diferentes en sus distintas áreas: en Buenos Aires, emprendedores aventureros ilegalmente adquirían esclavos africanos, muchos provenientes de Angola, y baratas manufacturas europeas, que luego hacían llegar hasta Córdoba, donde los trocaban por plata de Potosí. Ese tráfico era exitoso, porque esta ruta les resultaba más barata a los centros mineros altoperuanos que la oficialmente implantada por el rígido comercio monopolista a través de Lima-El Callao, en la costa del Pacífico. El negocio era tan fabuloso, que en la banda oriental del río Uruguay y frente al puerto bonaerense, los portugueses establecieron su colonia de Sacramento en 1680, desde la cual cruzaban el estuario en pequeñas changadoras, para descargar sus mercancías en las costas opuestas.

Córdoba, casi equidistante entre Buenos Aires y Tucumán, se convirtió en imprescindible punto de tránsito, donde se mezclaba el trabajo de encomendados y esclavos. Con el tiempo, muchos pertenecientes a cualquiera de ambos grupos sociales huían hacia la contigua e interminable *tierra llana*, donde se mezclaban como fugitivos y deambulaban sin control. A sus descendientes se les llamaba *mozos perdidos*, denominación que pronto cambió por la de *gauderios*, para terminar siendo conocidos como gauchos. Eran mestizos, habilísimos jinetes, excelentes carneadores y cuereadores del ganado, al cual atrapaban con pasmosa facilidad gracias al uso de sus boleadoras.[2] Una parte de ellos sobrevivía mediante *pulperías volantes* o comercios móviles, en los cuales acopiaban cueros y cerdas para canjearlos por lienzos, cuchillos y aguardiente. Pero a todos se les consideraba indómitos señores de la Pampa.

La estratégica ubicación de Córdoba, indujo a las autoridades absolutistas a establecer en sus predios lo que se llamó *aduana del puerto seco*, en 1622 la cual devengaba aforos ascendentes a la mitad del valor de lo que se traficaba. Ese encarecimiento provocó tal auge del tránsito clandestino, que siete décadas más tarde dicho puesto fiscalizador fue trasladado a Jujuy, donde las obligadas y estrechas vías hacia Potosí dificultaban considerablemente los *extravíos*, como se calificaba al contrabando de plata.

En Tucumán, los extensos cultivos de algodón facilitaban que en sus abundantes artesanías se produjera con fuerza de trabajo indígena y, paulatinamente, con la de esclavos africanos, magníficos tejidos, calzado, poleas, monturas, sogas, cueros, botas, que sobre todo se vendían en el Alto Perú. Dichos productos se enviaban hasta Jujuy en carretas fabricadas en la localidad, lo que empleaba a muchos carpinteros y requería buena cantidad de forjas, con sus respectivos herreros. Luego, según las circunstancias, las caravanas continuaban hasta Charcas, distante un centenar de leguas, en los mismos medios de transporte, o en arrias y recuas de mulos o caballos. Por estas razones, Tucumán a su vez adquiría vacas, caballos, mulas y bueyes.

Era Salta, sin embargo, la principal plaza negociadora de dichos insumos, donde a fines del siglo XVII se comerciaban unos cuatro mil caballos al año y una cantidad aún mayor de bueyes, procedentes casi siempre de Santa Fe, Entre Ríos y Buenos Aires. No obstante, nada superaba en magnitud la compraventa de mulas, pues en la época de referencia unas sesenta mil de esas bestias se encontraban en constante movimiento entre esta región y el Alto o Bajo Perú, ya que se las consideraba como el más seguro medio de carga de mercancías y personas.

En contraste, el intercambio mercantil con Chile languidecía, debido a la ausencia allí de importantes centros mineros que requiriesen gran cantidad de elementos de trabajo y consumo.

La paz en la Guerra de Sucesión Española se alcanzó mediante mutuas concesiones: Francia logró que el nieto de su monarca fuese reconocido como Felipe V de España, aunque sin derecho a crear un reino unido con ambos dominios borbónicos; Inglaterra obtuvo sus tres principales reivindicaciones: recibía autorización para enviar cada año en funciones legales de comercio a los puertos de Hispanoamérica, un buque denominado *navío de permiso*; adquiría en calidad de monopolio el suministro de esclavos africanos mediante la Royal South Sea Company; podía poseer tierras y casas en Buenos Aires.

En contra de lo que pensaba el ingenuo Gobierno de Madrid, los privilegios otorgados a los ingleses no disminuyeron sus prácticas contrabandistas, pues mediante triquiñuelas, continuaron enviando a los puertos españoles de América más carga que la transportable por un solo barco. Simultáneamente, proseguían adquiriendo cueros, grasas y sebo por Sacramento a cambio de baratas manufacturas. Fue entonces cuando el nuevo rey Borbón decidió incorporar más activamente la zona rioplatense al comercio con la metrópoli. Con ese propósito, autorizó el tráfico regular de buques de registro entre Buenos Aires y la península en 1721. Y cinco años más tarde, ordenó que en un punto situado al este del referido dominio portugués se fundara Montevideo. En su entorno, pronto se auspició que se multiplicara la ganadería, porque Buenos Aires tenía dificultades para incrementar dicha actividad en ese momento. En los alrededores bonaerenses, y provenientes de la Araucania, incursionaban fieros integrantes de guerreras tribus mapuches, palabra que en la jerga de esos aborígenes significaba *hombres de la tierra*, por lo cual a sus miembros individualmente los criollos les decían che.

Las reformas borbónicas

Al ocupar el trono, Felipe V descubrió que el intercambio mercantil con sus colonias americanas por medio del monopolio feudal, representaba solo la tercera parte del total comerciado. El resto se realizaba de forma ilegal. En un principio, se pensó alterar dicha situación con el traslado de la Casa de Contratación al puerto de Cádiz, aunque sin afectar sus funciones como centro rector. Pero dado que dicho desplazamiento nada cambió, el tráfico prohibido se mantuvo a los niveles de siempre. Entonces, el rey se apartó de los bicentenarios principios españoles para negociar con América y autorizó el surgimiento de la primera Real Compañía de Comercio en 1714. Esta se concibió como una semiburguesa sociedad por acciones, cuyo capital podía ser aportado indistintamente por criollos o metropolitanos, quienes previamente debían haber obtenido del monarca la concesión monopolista para una bahía determinada. Dicho selectísimo privilegio se alcanzaba al entregar de manera gratuita una participación en la empresa a la Corona feudal.

El surgimiento de los referidos accionistas criollos fue un hecho extraordinario, porque significó el nacimiento en Hispanoamérica de un nuevo sector social, el de la burguesía comercial portuaria. Pero ello no alteró la tradicional disposición colonialista de mantener el intercambio hacia el exterior exclusivamente con España. Por eso, la contradicción con la metrópoli, a pesar de atenuarse, continuó. A partir de entonces, los plantadores disfrutaron de la posibilidad de enviar al extranjero mayores volúmenes exportables, aunque casi nunca vieron mejorar sus precios de venta.

Un buen ejemplo de esa antinomia se produjo en Venezuela a partir de la creación en Caracas de la Real Compañía Guipuzcoana, que disfrutaba del monopolio comercial entre esta colonia y el puerto de San Sebastián, en el País Vasco; las insaciables apetencias mercantiles de esta empresa provocaron el creciente disgusto de los aristocráticos dueños de plantaciones, conocidos como mantuanos.[3] Estos, afectados por los ínfimos precios adjudicados al cacao, se alzaron en 1748 en la villa de Panaquire, en la zona del Tuy, al mando de un teniente de justicia nombrado Juan Francisco León, y con un contingente de seis mil hombres se adueñaron de Caracas. Pero los ingenuos rebeldes no supieron qué hacer en la capital, y pronto fueron desmovilizados con las vagas promesas del gobernador. Incumplidas estas, a los dos años, el propio caudillo engendró otra protesta, de nuevo carente de objetivos precisos, que ya no logró movilizar a los desanimados plantadores, lo cual permitió a las autoridades colonialistas apresar, expropiar y enviar preso a la metrópoli al perseverante cabecilla.

Madrid retiró a Inglaterra el monopolio de la trata y la concesión para el llamado navío de permiso, a consecuencia de la denominada Guerra de la Oreja de Jenkins. Se llamó así a dicha conflagración de 1739, por ser el apellido de un oficial que había perdido ese órgano auditivo durante una operación de pesquisa de la Armada española, lo cual hipotéticamente ocasionó el conflicto. El negocio del suministro de esclavos fue transferido entonces a las Reales Compañías, las cuales a partir de ese momento lograron extraordinarios beneficios, que se incrementaron aún más luego de la supresión del sistema de flotas en 1748. Pero los preceptos monopolistas de dichas empresas entraron en crisis debido a la toma de La Habana por los ingleses, cuando en unos pocos meses el comercio exterior de la parte ocupada de Cuba se multiplicó varias veces. Esto, y la creciente rivalidad con el capitalismo británico, convencieron al ilustrado Carlos III de la necesidad de liberar aún más el intercambio mercantil con las colonias hasta el máximo permisible por la atrasada economía hispana.

Las disposiciones reales de 1763 autorizaron a veinte bahías americanas a comerciar con otras tantas en la península, y al mismo tiempo en cada puerto se podían constituir cuantas casas comerciales se deseara, todas sujetas a la misma reglamentación. Solo un punto limitaba la libertad de las empresas que surgiesen: la obligación de traficar exclusivamente con la metrópoli. Resultaba imposible para el Trono autorizar que se transgrediera ese acápite, pues perdería su condición de potencia colonialista. Era una consecuencia del escaso desarrollo económico español, que no hubiera podido competir exitosamente con el inglés. Así, a pesar de que la Corona madrileña cedió hasta sus últimas posibilidades, la ascendente burguesía agroexportadora criolla no se satisfizo; estaba consciente de que el verdadero enriquecimiento sería alcanzable gracias a vínculos mercantiles directos con Inglaterra, país con el que se comerciaba de manera indirecta por medio del control parasitario de la España feudal, cuya nefasta dominación colonialista se ponía cada vez en mayor evidencia.

El crecimiento de la economía agropecuaria en las áreas costeras de la Sudamérica septentrional, así como en la región argentina, motivó que España modernizase y reorganizara sus estructuras administrativas coloniales. Surgieron por ello nuevas instancias como el Virreinato de Nueva Granada en 1739, la Capitanía General de Venezuela en 1773 y el Virreinato del Río de la Plata en 1776, tras culminar la expulsión de los portugueses de la banda oriental del río Uruguay. Debido a este exitoso acontecimiento, en 1778, la Corona pudo incluir a Buenos Aires dentro del privilegiado grupo de los puertos monopolistas autorizados a comerciar libremente con la metrópoli.

La enorme importancia de esta demarcación rioplatense, que además incluía a Paraguay, Tucumán y el Alto Perú o actual Bolivia, permitió que en muy poco tiempo los negociantes bonaerenses superasen a los de Lima-El Callao por el volumen de su intercambio con España. También, los ganaderos de Buenos Aires se favorecieron mucho con la habilitación del nuevo centro mercantil; la cercanía de sus latifundios a los muelles de embarque los privilegiaba, con relación a los estancieros ubicados en Santa Fe, Corrientes y Entre Ríos Tampoco los dueños de las artesanías de Tucumán y Mendoza fueron beneficiados por la apertura del estuario a la vida comercial, cuya fuerza de trabajo a menudo estaba compuesta por esclavos; la acrecentada competencia de las mejores y más baratas manufacturas europeas empezó a socavar su primacía en las ferias del Cono Sur. Se inició, por esos motivos, el esbozo de las contradicciones entre ambos sectores. De una parte, comerciantes y ganaderos interesados en vincularse cada vez más con el exterior. De la otra, artesanos libres y propietarios de talleres, que se esforzaban por conservar en el mercado interior americano a los tradicionales compradores de sus tejidos, ponchos, cinchas, carretas, cordobanes, lozas, vinos, jabones, aguardiente.

El auge mercantil provocado por las nuevas disposiciones comerciales, conllevó el crecimiento de la economía agropecuaria destinada al mercado exterior. Pero incrementar los rubros exportables requería un suministro más intenso de la fuerza de trabajo, cuyo aprovisionamiento solo podía ser satisfecho por la trata.

Las compañías surgidas al amparo de la legislación de 1763 no pudieron, sin embargo, surtir a los plantadores y ganaderos con la mano de obra susceptible de trabajar en sus tierras, pues carecían de cazaderos de esclavos en África. Con el propósito de resolver la perentoria necesidad, la Corona emitió la Real Cédula del 28 de febrero de 1789, que autorizaba a los extranjeros a vender en Hispanoamérica la apreciada mercancía humana. Olvidaba el soberano que para comprar, es necesario vender. La omisión fue resuelta mediante otro edicto, emitido en 1791, que permitía a los buques negreros adquirir productos del país a cambio de suministrar africanos. A partir de entonces la esclavitud alcanzó niveles nunca vistos. Comerciantes, plantadores y ganaderos se enriquecían con rapidez. El único obstáculo para incrementar más su poderío lo representaba la metrópoli, que mantenía la prohibición a los demás vínculos mercantiles directos entre sus colonias e Inglaterra. Entonces, algunos de los más audaces criollos, integrantes de las ascendentes nacionalidades, comenzaron a acariciar la idea de emanciparse de España.

Obrajes y artesanías

Durante los siglos XVI y XVII, el sistema comercial impuesto en Hispanoamérica había sido incapaz de abastecer de manera adecuada las necesidades de las colonias. Por eso proliferaron los obrajes, que utilizaban la fuerza de trabajo indígena suministrada por la llamada *mita industrial*, mediante relaciones de producción feudales. Los propietarios de dichos talleres eran españoles privados, la Corona, y las comunidades agrícolas existentes en los resguardos. Un obraje grande podía fabricar, en el siglo XVII, hasta ciento cincuenta mil varas de ropa al año en sus doce telares, y cada uno de estos artefactos de tejer utilizaba cerca de cincuenta siervos. Por esto se requería mucha mano de obra, pues el trabajo no había superado la cooperación simple con escasísima división del trabajo e instrumentos muy primitivos. Durante la primera media centuria de esta práctica, los mitayos laboraban doce meses seguidos, de veintiséis días hábiles y nueve horas de jornada diaria. Pero después la duración de las referidas faenas obligatorias se redujo a un semestre.

La importancia de la producción de los obrajes estuvo muy vinculada con la minería, su principal cliente; y en una forma inversamente proporcional a la eficacia del comercio exterior. Por ello, durante el siglo XVIII, al mermar aquella e incrementarse este, se provocó la decadencia de dichos telares.

Sin embargo, el ocaso de estos obrajes no significó la desaparición de todas las elaboraciones americanas dirigidas al mercado interior, pues perduraron las artesanías, que utilizaban fuerza de trabajo esclava o asalariada. Su amplia gama productiva había alcanzado un mayor enraizamiento en el ámbito de los criollos y, además, no estaban enmarcadas dentro de las relaciones de producción feudales. Sufrían, no obstante, taras retardatarias como gravámenes tributarios del absolutismo —alcabalas, peajes, diezmos—; la estrechez del mercado hispanoamericano; formas organizativas gremiales con su rígida jerarquización en maestros, operarios y aprendices, las que impedían la libre competencia entre fabricantes.

Estas producciones se regían por las *ordenanzas gremiales* emitidas en la decimoséptima centuria, que plasmaban las características de cada especialidad. Se reservaron las actividades más prestigiosas y lucrativas a los españoles, quienes formaron las corporaciones más exclusivistas, como las de orfebres, pintores, escultores, doradores, plateros, grabadores, cuyos principales clientes eran los terratenientes y la Iglesia. Los oficios de menor categoría, tales como armeros, sederos, lenceros, se destinaban a criollos blancos o mestizos. Las tareas de zapateros, carpinteros, albañiles y similares se adjudicaban a negros e indios, por considerárselas de ínfima jerarquía. En el artesanado la diferenciación social también se realizaba por otros preceptos, además de los raciales, pues a medida que disminuía la cuota de trabajo y aumentaba el capital aportado, crecía la relevancia del personaje. En sentido contrario se marchaba hacia los sectores populares, explotados, pero libres, compuestos por asalariados e, incluso, hasta por esclavos artesanos, propiedad de una pequeña burguesía anómala.

En dicha clase los grupos más poderosos anhelaban, a fines del siglo XVIII, la liquidación definitiva de los gremios como forma de abolir los privilegios, implícitos en la falta de una verdadera competencia; soñaban con una legislación burguesa que les permitiera llegar a la manufactura. Pensaban que así alcanzarían mayores niveles de cooperación basados en la división del trabajo, lo cual implicaría arribar al primer estadio del capitalismo urbano. Sabían que la manufactura representaba un eslabón intermedio entre el artesanado y la pequeña producción mercantil, cuyas formas primitivas de capital luego se enrumbaron hacia la fábrica o gran industria maquinizada.

No eran los gremios, sin embargo, los que al término de esa centuria más atentaban contra la economía artesanal. Fueron las reformas comerciales decretadas por los Borbones, las que debilitaron de manera creciente sus intereses, pues auspiciaban el incremento ilimitado de las importaciones. Entonces, algunos osados miembros de ese estamento criollo, también representantes de las nacionalidades en formación, empezaron a acariciar pensamientos independentistas con el propósito de establecer alguna forma de proteccionismo en beneficio de sus producciones.

2. Conspiraciones, motines, alzamientos y rebeliones

Los chacreros de Paraguay

En Paraguay, la población tupi-guaraní tuvo una existencia bastante diferente a la de los quechuas, aunque en sus inicios parecía que les esperaba un destino semejante; en 1556, unos veinte mil indios fueron distribuidos en encomiendas a trescientos veinte conquistadores, asentados en un radio de ciento sesenta kilómetros alrededor de Asunción. Pero se dispuso que los encomenderos solo emplearan, al mismo tiempo, la cuarta parte de dicha mano de obra. En consecuencia, cada castellano promedio ni siquiera lograba explotar, simultáneamente, la fuerza de trabajo de unos veinte aborígenes de bajísima productividad. Difícil medio para enriquecerse. Por eso la mayor parte de los encomenderos vivían en pequeñas propiedades llamadas chacras, en las que cultivaban una variedad de productos destinados al autoconsumo y al abastecimiento de la mencionada ciudad. Los mayores propietarios se encontraban lejos de ese núcleo urbano, al norte del río Tebicuary, donde poseían estancias, en las cuales criaban ganado vacuno y caballar. Durante un siglo la principal preocupación de esos colonos fue incrementar el número de encomendados puestos a su servicio, tarea nada fácil si se tiene en cuenta que antes de la Conquista entre los guaraníes no habían surgido las clases sociales.

Los referidos propósitos de los encomenderos se dificultaron aún más, con la llegada de la Orden de Jesús a finales del siglo XVI. Esta agrupación religiosa de índole militar estaba encargada de proteger la frontera con la vecina y rival colonia portuguesa de Brasil, por lo cual acometió el aglutinamiento de los indígenas en misiones bajo su dirección. Dichos emplazamientos resultaban el mal menor para los guaraníes, porque en ellos no sufrían las encomiendas y nada más pagaban al rey la cuarta parte de la capitación que los demás indios debían sufragar. En las misiones, los aborígenes cuidaban del ganado vacuno, caballar, ovino y mular, atendían todos los cultivos necesarios para su alimentación y, enseñados por los jesuitas, algunos se convertían en artesanos que fabricaban textiles, trabajaban el cuero y elaboraban muebles.

A partir de 1640, los jesuitas empezaron a estructurar verdaderas plantaciones de yerba mate, puesto que su previa existencia silvestre no permitía altos volúmenes de recolección. Poco después del inicio de su cultivo, las exportaciones de la estimulante hoja superaban ya con creces las ventas al extranjero de algodón, textiles, azúcar, tabaco, madera, cueros, cera y muebles. Pero el establecimiento de esos latifundios tan especializados, casi de inmediato forzó a los jesuitas a defenderlos de las cada vez más frecuentes incursiones de los *bandeirantes*. Estos eran expedicionarios procedentes de Sao Paulo, que adoptaban una estructura paramilitar y las inscribían en los registros de sus municipios, para después aventurarse bajo un pendón distintivo o bandera por las enormes redes hidrográficas del caudaloso río Paraná, hacia Paraguay. Allí buscaban riquezas y guaraníes de las misiones, pues dada la educación que en ellas recibían, dichos nativos se vendían en Brasil como esclavos a mucho mejor precio que los indios ignorantes. Entonces, los jesuitas se decidieron a encuadrar a dichos indígenas en una eficaz estructura militar, que en 1645 ya disponía de unos cinco mil guaraníes en los cuerpos de caballería e infantería. El éxito de esta práctica jesuítica permitió que esa población originaria pasara de setenta y seis mil personas en 1688, a más de cien mil a los veinte años, quienes vivían en más de treinta misiones ubicadas entre los ríos Tebicuary y Uruguay.

En contraste con el esplendor de las misiones religiosas, la sociedad laica paraguaya se fue enriqueciendo con mucha dificultad durante las sucesivas décadas de la decimoséptima centuria. En dicha gobernación colonial, fuera de las misiones jesuitas, vivían poco menos de doce mil indios en 1688, de los cuales ni siquiera dos mil estaban bajo el régimen de encomienda. Por esta causa, entre los mencionados habitantes libres había muchas contradicciones: quienes en la cúspide elitista dedicaban sus tierras a la agricultura o la ganadería, pugnaban por los encomendados con aquellos dedicados al cultivo de la yerba mate. A pesar de que las ventas de esta planta ilicácea se convertían crecientemente en el sostén de la economía regional, los propietarios individuales carecían de la suficiente fuerza de trabajo que laborase en sus propiedades. Por ello, algunas veces importaban costosos africanos, aunque en realidad preferían emplear esclavos fugitivos de Brasil. Llegaban incluso a contratar blancos pobres y mulatos, pues esa práctica les resultaba más barata. A los mestizos no se les consideraba una casta diferenciada en este país, porque casi todos los paraguayos tenían esa condición, así como la de ser bilingües en español y guaraní.

El auge de las exportaciones, permitió a mucha gente sin recursos trabajar en talleres que fabricaban carretas y en los astilleros. En buques salían decenas de miles de arrobas de mercancías, cuyo comercio en buena parte lo controlaban inmigrantes llegados de la metrópoli. Pero esas exportaciones debían competir con la de los jesuitas, quienes comercializaban las suyas mediante un eficiente sistema mercantil propio y, además, no pagaban impuestos. Por esto, la mayoría de los paraguayos odiaba a dicha orden religiosa, a la cual achacaban el origen de todos sus males.

A principios del siglo XVIII la élite asunceña disfrutaba del control absoluto sobre el cabildo de esta gobernación, integrado por tres grupos fundamentales de grandes propietarios: los encomenderos, los plantadores yerbateros, y los comerciantes. Las influencias, sin embargo, no se ejercían todavía por tipos de actividad, sino por lazos de parentesco. Descollaban, entre todas, la familia del rico encomendero Cristóbal Domínguez de Ovelar, así como la de José de Ávalos Mendoza y la de Juan de Mena Ortiz Velasco, emparentados con los importantes mercaderes españoles Antonio Ruiz de Orellano y Román de las Llanas, respectivamente.

Los conflictos internos del Cabildo estallaron con el nombramiento como Gobernador, en 1717, del comerciante peninsular radicado en Asunción, Diego de los Reyes Balmaseda. Este disfrutaba de preciados vínculos con los jesuitas, y sostenía múltiples disputas con los agrupados alrededor de Ávalos, al que por fin lanzó a la cárcel en 1719, acusándolo de traición. Los partidarios del prisionero entonces recurrieron a la Real Audiencia de Charcas para que interviniese, la cual nombró el 15 de enero de 1721 como juez pesquisidor, a un arrogante y ambicioso joven miembro de la Orden de Alcántara llamado José de Antequera Castro, el cual estaba dotado de plenos poderes para sustituir al Gobernador. Una vez en Asunción, el recién llegado destituyó a Reyes y, además, le confiscó sus bienes, luego de lo cual se asoció con el círculo de Ávalos. Después, se manifestó contra los jesuitas y apoyó la idea de arrebatar a dicha Orden los indios que tenía en sus misiones, con el propósito de encomendarlos a yerbateros. Esto, a pesar del Edicto Real de 1718, mediante el cual se prohibía realizar nuevas encomiendas. Dicha forma de actuar provocó la escisión del Cabildo, en el que la mayoría, favorable a Antequera, expulsó a sus opositores. Ellos, a su vez, apelaron al virrey en Lima, quien censuró a la Audiencia y ordenó la reposición de Reyes. La tensión se agudizó cuando los jesuitas y la Gobernación de Buenos Aires reconocieron a Reyes, tras lo cual cesó el intercambio comercial con Paraguay. Pero en esta provincia, dichas lejanas emanaciones de la impositiva autoridad metropolitana, nada podían hacer; durante toda la época colonial, en tierras paraguayas jamás hubo tropas realistas. Toda la defensa del territorio recaía en la milicia, compuesta de cinco mil efectivos de caballería.

El teniente gobernador de Buenos Aires, con el propósito de restablecer el orden colonial, marchó entonces contra Asunción respaldado por numerosa fuerza aportada por las misiones jesuitas. Pero fue derrotado en las márgenes del Tebicuary, lo cual permitió a los paraguayos encomendar a cientos de soldados indígenas capturados. A pesar de esta victoria, el Cabildo asunceño se atemorizó y decidió buscar un entendimiento con el virrey, que había ordenado el arresto de Antequera. Este, al ser abandonado por quienes antes lo respaldaran, huyó a Charcas, donde esperaba encontrar el apoyo de la Audiencia. Mientras, en Asunción, en el cargo de Juez Pesquisidor quedó Román de las Llanas, quien allí recibió con efusividad al gobernador de Buenos Aires.

La paz restablecida se mantuvo hasta 1730, cuando a Paraguay llegó un evadido de la Inquisición. Se llamaba Fernando de Mompó Zayas, quien en Asunción encontró la calurosa bienvenida de los integrantes del grupo *antequerista*. El fugitivo explicó a estos las doctrinas que profesaba, pues era partidario de los teólogos Juan de Mariana y Francisco Suárez; quienes sostenían novedosas tesis sobre la licitud de suprimir un gobierno tiránico, así como acerca de la conveniencia de que fuera el pueblo o *el común*, como se decía entonces, el que directamente entregara el poder al rey.

En estas circunstancias, a la ciudad llegó la noticia del nombramiento de un nuevo gobernador, de quien se rumoraba que tenía una opinión favorable a los jesuitas y venía dispuesto a imponer represalias. Bastó el comentario para que se reavivaran las pasiones, congeladas desde hacía un lustro. Entonces, las fuerzas de antaño se movilizaron bajo la dirección de Mompó, quienes impusieron elecciones libres para escoger un nuevo Cabildo. Este democrático método inició la participación política de nuevas figuras en el ayuntamiento, pues junto con algunos aristócratas reelectos, como Domínguez de Ovelar y Ruiz de Orellano, aparecieron por primera vez representantes de los chacreros, tales como Miguel de Garay y Fernando Curtido, quienes ocuparon importantes puestos municipales.

Mompó, sin embargo, no se satisfizo con ese triunfo y organizó una semioficial Junta Gobernativa, que a pesar de haber sido elegida por los comuneros, aún tenía una composición heterogénea. Así, hombres como Román de las Llanas, quien disfrutaba todavía del prestigio engendrado por sus acciones previas, formaba parte de ella. A su lado, sin embargo, había chacreros y gente pobre, tanto de la ciudad como del campo. Esa radicalización asustó a los grupos elitistas rebeldes que, en abril de 1731, arrestaron a Mompó y lo enviaron preso a Lima, en cuyo trayecto escapó a Brasil. Pero en contra de lo que muchos pensaban, la eliminación del descollante cabecilla no desorganizó la Junta, que al cabo de algunas semanas pasó a ser presidida por Garay. Después, a partir de agosto, los efectivos armados de los comuneros volvieron a preponderar en las calles de la capital. Garay pasó entonces a ser alcalde, mientras el joven chacrero Bernardino Martínez ocupaba el cargo de maestre de campo. Los decididos comuneros, sin embargo, no sabían qué hacer con el poder, y solo expresaban sus intereses de clase con multas y saqueos a los bienes de sus opositores, a los cuales a veces deportaban. Pero no tenían idea de cómo imponer un régimen nuevo ni tampoco la ascendente aunque débil nacionalidad era todavía capaz de imprimir proyecciones anticolonialistas a su rebeldía.

La confusión comunera concerniente a los objetivos a alcanzar, permitió que Manuel Agustín de Ruyloba —designado gobernador por Felipe V— ocupara el poder en Paraguay en julio de 1733, con el respaldo del grupo encabezado por Ruiz de Orellano. Aunque al principio nada sucedió, la ira estalló cuando las nuevas autoridades comenzaron a reorganizar los mandos de la milicia. En protesta, varios cientos de antiguos comuneros se reunieron el 12 de septiembre en Mbocayatí, donde acordaron avanzar sobre Asunción. En esta ciudad, el gobernador movilizó entonces a los milicianos y, acompañado por Ruiz de Orellano con sus principales consortes, marchó a combatir contra la columna rebelde. El día 15 del propio mes, los dos bandos se enfrentaron, pero con gran desigualdad, pues solo quedaban unos cincuenta hombres del lado realista. El resto había engrosado las filas comuneras de casi mil efectivos, dirigidos por Ramón Saavedra, hombre pobre del campo. No obstante, esta desproporción, el corajudo Ruyloba atacó, pero cayó por un disparo del jefe insurrecto. Después, los comuneros entraron en la capital, declararon traidores a quienes habían apoyado al fallecido gobernador, depuraron el aparato estatal, así como los mandos militares, y nombraron alcalde a Domínguez de Ovelar; quien, desde un inicio, se había manifestado contra el designado por Felipe V. No obstante, junto al rico asunceño, cuya elección reflejaba todavía el titubeo y las confusiones de muchos victoriosos sublevados, los comuneros tuvieron el buen tino de estructurar otra instancia de poder, llamada Junta General. En ella, preponderaban los campesinos y jornaleros, sobre todo del campo como Ramón Saavedra, Pedro Esquivel, José Duarte, quienes radicalizaron la lucha. Entre sus principales medidas se pueden citar: la suspensión de muchas de las pocas encomiendas existentes y la confiscación de las propiedades de quienes criticaran las nuevas disposiciones. Estos decretos horrorizaron a los grupos elitistas, los cuales sentían cada vez más que la enemistad comunera cesaba de dirigirse exclusivamente contra los partidarios del fenecido gobernador, para abarcar a todos los pudientes. También los religiosos experimentaron la furia de la Junta, pues ella dispuso que los jesuitas evacuaran sus misiones entre Tebicuary y el Alto Paraná, y prohibió su presencia en los suelos ubicados entre ese río y el Uruguay.

Pero la radicalización de la Junta General no había llegado a su final, y a mediados de 1734, además de las propiedades confiscadas a muchos ricos, comenzó a expropiar fincas de chacreros acusados de explotar la fuerza de trabajo de blancos pobres. Esa tendencia extremista motivó el distanciamiento de la pequeña burguesía rural, que se apartó así del bloque compuesto por campesinos y jornaleros, fuesen del campo o la ciudad, cuyas tropas entonces eran insuficientes para vencer a las de sus enemigos. La tensa situación se agravó con el bloqueo a Paraguay ordenado por el gobernador de Buenos Aires, pues el comercio con el exterior se detuvo y la economía se paralizó.

En las nuevas circunstancias, hombres como Bernardino Martínez, Miguel de Garay, Fernando Curtido, junto a sus simpatizantes, casi siempre pequeños propietarios urbanos o rurales, pasaron a la oposición, en la cual se encontraron con los grupos elitistas dirigidos ahora por Domínguez de Ovelar. Así, en vez de forjarse una alianza entre los pobres y los chacreros, se formó otra, de estos con los ricos yerbateros, en detrimento de los humildes.

La ininterrumpida decantación de simpatías hacia la Junta General, facilitó que a fines de 1734 Domínguez de Ovelar, Garay y demás aliados hubiesen logrado dividir aún más sus filas, al atraerse a algunos y neutralizar a otros. Esta era la situación cuando al territorio jesuita llegó la tropa del gobernador de Buenos Aires. Frente a este, alrededor del núcleo decidido a resistir a cualquier precio, encabezado por Saavedra, apenas se agruparon ya unos pocos cientos de comuneros. Para combatirlos, se despacharon numerosos efectivos dirigidos por un funcionario real que tenía por segundo al mando a Bernardino Martínez. Pero el 26 de marzo de 1735, cuando se esperaba que tuviera lugar la batalla final, en Tabapy, nada ocurrió.

Los hombres de la Junta se desbandaron, dejando tras sí cañones, caballos y abastecimientos. Saavedra, Esquivel, y Duarte fueron ejecutados; unos mulatos sufrieron flagelación pública, y algunos blancos pobres enviados hacia el destierro. Domínguez de Ovelar terminó preso en Buenos Aires, único de su estirpe en sufrir semejante castigo. También se devolvieron todos los bienes confiscados, y se reestructuró la milicia. De esa manera, a principios de 1736, se consideraba pacificada la gobernación.

A partir de la victoria absolutista, se afectó con nuevos gravámenes a los habitantes de la gobernación: mayores impuestos sobre sus exportaciones, y en especial de la yerba mate; se impuso el estanco real al tabaco; se impidió a los comerciantes asunceños navegar por el Paraná más allá de Santa Fe. Estas medidas provocaron que los paraguayos miraran con resentimiento al poder colonial y se enorgulleciesen de la gesta comunera, considerada más tarde por muchos como la fecha del nacimiento político de su nacionalidad. Surgieron también añoranzas, debido a las cuales algunos antiguos rebeldes, como Bernardino Martínez, trataron de reanimar la lucha en 1747. Pero la conspiración fue denunciada y este, junto con tres viejos compañeros, terminó ejecutado en Asunción.

Los vegueros en Cuba

En Cuba, con el propósito de incrementar las percepciones del fisco real, la Corona absolutista impuso en 1717, como sobre la mayoría de Hispanoamérica, su estanco sobre el tabaco. Esta disposición feudal significaba precios y cuotas fijos a los cultivos, lo cual dificultaba que los campesinos se diferenciaran entre sí. Por ello, resultaba casi imposible que la producción se concentrara y centralizara, y debido a esto, los vegueros más hábiles o con mejores tierras no podían convertirse en importantes plantadores. Tendrían que permanecer, en el mejor de los casos, como cosecheros pequeñoburgueses. Algunos, a veces poseían también molinos de tabaco, accionados por fuerza hidráulica, para elaborar rapé. De aquellos y solo en La Habana, en el último tercio del siglo XVII existían ya más de cuarenta. Y durante la segunda década del siglo XVIII, entraron en funcionamiento diecisiete más.

El monopolio del Trono sobre el tabaco afectó a los vegueros de Cuba, y en especial a los de La Habana, más que a los de cualquier otra colonia americana de España. Esto se debía a la gran calidad e importancia alcanzada por su cultivo en esta isla, donde algunos pretendían que llegara a rivalizar con la caña de azúcar y la ganadería. La noticia del estanco, pregonada el 27 de junio de 1717 en la capital insular, produjo consternación entre cosecheros de tabaco, dueños de molinos y jornaleros agrícolas. Pronto, grupos de hombres armados pertenecientes a la milicia empezaron a contactar a los descontentos en el campo, hasta que el 21 de agosto muchos de ellos se concentraron en Jesús del Monte con sus machetes, arcabuces, pistolas y mosquetes. Procedían de Guanabacoa, San Miguel del Padrón, Santiago de las Vegas, Bejucal y estaban decididos a realizar alguna acción de importancia. Por fin, se acordó impedir la llegada a La Habana de ganado vacuno, que algunos peones arreaban diariamente hasta allí para abastecerla de carne. El éxito los envalentonó y, al día siguiente, los rebeldes entraron en la ciudad hasta la plaza de San Francisco, donde fueron vitoreados. En ella, exigieron la renuncia del gobernador, así como su salida de la isla junto con la de los funcionarios del Estanco. Al ser satisfechos a los pocos días estos planteamientos y prometerse a los amotinados el pago de los gastos en que hubieran incurrido, la colonia recuperó su tranquilidad.

La paz se mantuvo hasta mediados de 1718, cuando desembarcó un nuevo gobernador acompañado de mil hombres bien armados. Dicha autoridad informó que no habría represalias por los sucesos del pasado, pero advirtió acerca de su inflexibilidad en el futuro. Después reorganizó la milicia y anunció el restablecimiento del monopolio real sobre el tabaco, el cual conllevó la implantación de factorías en La Habana, Bayamo, Trinidad, Sancti Spíritus y Santiago de Cuba. Pero dado que la medida provocó disgusto entre los vegueros, el gobernador arrestó a un grupo de ellos y los depuso de las funciones oficiales que tenían. Entre estos, uno era primer alférez, otro alguacil mayor, y varios se desempeñaban como regidores, todos acusados de haber instigado las acciones de 1717, y se dispuso su envío a la metrópoli. La situación no se agravó, porque se prometió a los cultivadores que todas las cosechas serían compradas íntegramente y su pago se realizaría de manera puntual. Pura demagogia. Nunca hubo semejante intención. El tiempo evidenció que solo se compraba cada año la cantidad dispuesta por el Estanco. La paciencia de los vegueros se agotó, al planteárseles que ellos cobrarían sus ventas de forma escalonada, en plazos fijados por el monopolio. Entonces, el 14 de julio de 1720 más de doscientos cosecheros se sublevaron y destruyeron las propiedades de aquellos que cooperaban con el gobernador, a quienes calificaron de «estanqueros». Las autoridades absolutistas, en venganza, ordenaron detenciones que tuvieron por respuesta la franca rebelión de unos mil vegueros, alzados en los alrededores de la capital, cuyas vías de acceso bloquearon. Ante el inminente conflicto armado, el gobernador aceptó los buenos oficios de un intermediario, que fue autorizado a ofrecerles ciertos beneficios: se aumentarían los precios del Estanco y se pagaría con puntualidad, se condonaban los impuestos adeudados ese año y se pediría al rey que les permitiese vender por otros medios el tabaco no comprado por el monopolio. La tentación fue muy grande, y el 27 de junio los insurrectos regresaron felices a sus hogares.

A pesar de una mejoría en el comportamiento del estanco, los vegueros no experimentaron cambios significativos en sus ingresos. Por ello, algunos se inclinaban a abandonar este cultivo para dedicarse a la caña de azúcar, pero no todos podían recurrir a dicho remedio. Los menos afectados eran quienes cosechaban el tabaco lejos de la capital, pues tenían siempre la posibilidad de contrabandear. Los de La Habana y sus inmediaciones, sin embargo, se veían imposibilitados de practicar el comercio ilegal, pues la fiscalización absolutista lo impedía. Entre estos, cundió la ira de nuevo, debido al reiterado atraso de los pagos del monopolio. Entonces, los más audaces o decididos comenzaron a preparar la sublevación a principios de 1723. El 20 de febrero, con el propósito de alcanzar sus fines, unos seiscientos rebeldes estaban acampados a una legua de Santiago de las Vegas, cuando de improviso tres compañías realistas los atacaron. Aunque se defendieron, los inexpertos vegueros pudieron oponer poca resistencia: el que no cayó muerto o herido, se internó a los montes; salvo once, hechos prisioneros y sentenciados a muerte por el gobernador. Primero se les fusiló y luego sus cadáveres fueron colgados de árboles en los caminos que llevaban a Guanabacoa, San Miguel del Padrón y Santiago de las Vegas.

La revuelta de los vegueros marcó el inicio de un lento e involuntario tránsito del criollismo a la nacionalidad en gestación. El proceso armado solo abarcó un sector social específico y tuvo un neto carácter económico, ya que fue incapaz de proyectarse hacia el ámbito político o de atraer al resto de la población, cuyos intereses no se tomaron en cuenta. De los esclavos ni se habló, y la débil burguesía azucarera criolla vio con disgusto esas violentas acciones. La ulterior evolución transcurriría durante casi todo el siglo XVIII, hasta que tuviera lugar el parto, entre fines de esta centuria y el inicio de la siguiente, de la nacionalidad cubana.

Túpac Amaru y Túpac Katari

En el Virreinato de Perú la vida colonial empezó a transformarse, con la aplicación de la política del despotismo ilustrado[4] impulsada por el absolutismo borbónico. Este deshacía la más que bicentenaria alianza surgida de la Conquista, pues pretendía fortalecer su novedoso poder monárquico asociado con la ascendente burguesía, en detrimento de los más viejos intereses feudales de América. Por ello, la Corona dispuso como primera medida, que fuesen incorporadas a la Real Hacienda todas las encomiendas vacantes o sin confirmar, así como las que en un futuro caducasen. De esta manera, el soberano recuperaba el cobro en moneda que hacía dos siglos había cedido a los encomenderos. Estos cesaban así de existir, sin que su desaparición significara progreso alguno para el campesinado indígena.

Después, el monarca empezó a eliminar muchos resguardos, al disponer que los indígenas se reagruparan en menor número de ellos. Luego, dichas tierras pasaban al soberano o a la Iglesia, que frecuentemente las alquilaba a cambio del pago de una renta. Esa «demolición» de los resguardos, por lo general, iba acompañada de un fortalecimiento de la mita, pues no extrañaba que se incrementara la cuota de aborígenes que debían trabajar como siervos, los cuales casi siempre terminaban como peones endeudados en las haciendas, fuesen estas nuevas o engrandecidas.

Las disposiciones reformadoras del absolutismo borbónico a menudo afectaron también a la antigua aristocracia indígena, pues sucedía cada vez más, que funcionarios reales depusieran a los curacas o caciques hereditarios, para en su lugar poner a otros, o simplemente sustituirlos por corregidores españoles designados que asumieran las viejas funciones. Después, las nuevas autoridades arbitrariamente aumentaban impuestos, cometían abusos, alteraban registros, arrebataban más tierras comunales e imponían el llamado reparto mercantil. Consistía este, en obligar a los indígenas a comprar y usar objetos o ropas traídos de Europa, en detrimento de los tradicionales artículos elaborados en los obrajes. Así, las tensiones no cesaban de aumentar.

La primera manifestación del gran malestar existente entre los indígenas tuvo lugar en 1742, cuando Juan Santos Atahualpa se alzó por la zona de Tarca y Jauja, cercanas a Lima. Una década luchó este valeroso descendiente de la nobleza incaica con el objetivo de restablecer el Tahuantinsuyo, algo no solamente imposible de alcanzar entonces, sino que también alejaba o dificultaba mucho cualquier importante participación criolla en la rebeldía.

En 1780, y con el objetivo de cumplir con la mita, los pobladores aimaras originarios de la provincia altoperuana de Potosí marcharon a reunirse en el pueblo de Pocoata, situado en el corregimiento de Chayanta, vecino meridional de Porco y Cochabamba. Era el 26 de agosto y la situación no podía ser más tensa, pues los congregados exigían la devolución de sus tierras recién arrebatadas, la rebaja del tributo hasta sus niveles tradicionales y el cese de los repartos mercantiles.

La chispa detonadora tuvo lugar durante una asamblea de curacas con el nuevo corregidor, en la cual un cacique reclamaba la excarcelación de Tomás Katari, símbolo de la lucha de los *indios nobles* por la justicia de los aborígenes. La respuesta del funcionario fue un pistoletazo que fulminó al demandante. Tras el ajusticiamiento del corregidor, el liberado Tomás junto con sus hermanos Dámaso y Nicolás, encabezaron un poderoso movimiento insurreccional que pronto se propagó por Charcas, Cochabamba y Oruro, y tomó rumbo hacia La Paz.

José Gabriel Condorcanqui Túpac Amaru, quinto nieto por línea materna del último Inca de Vilcabamba, nació en el gélido y hermoso valle de Tinta, en las cercanías del Cuzco. Estudió en el Colegio de Indios Nobles y creció en un ambiente de nostalgia por el glorioso pasado imperial quechua, del que leía con asiduidad pasajes en los connotados *Comentarios Reales* del inca Garcilaso. Sin embargo, al mismo tiempo estaba íntimamente vinculado con blancos y criollos, a quienes frecuentaba durante sus usuales viajes a Lima y Cuzco y, junto a ellos, se mantenía al tanto de las novedosas ideas emanadas del Iluminismo.[5] Con esos amigos se desplazaba por la añeja capital de sus antepasados, y con tristeza admiraba el llamado Palacio de Viracocha, sobre el cual habían erigido una catedral; el Templo del Sol, transformado en convento; o el Palacio de Huaina, en iglesia.

Túpac Amaru participaba desde hacía algún tiempo en una conspiración, pero al tener lugar el alzamiento dirigido por Tomás Katari se vio compelido a acelerar los preparativos para proceder a una insurrección. En dichos trajines, él se esforzaba al máximo por atraer a blancos, mestizos y criollos, pues con el recrudecimiento de los combates en el contiguo Alto Perú, dicha población no indígena se alejaba de sus proyectos independentistas, pues temían las consecuencias o venganzas susceptibles de producirse tras una victoria aborigen. Por ello, tendían a hacer causa común con la metrópoli.

Abandonado por aquellos con quienes deseaba aliarse, Túpac Amaru tuvo que hacer lo indeseado, pues no podía realizar lo que anhelaba. Sabía que un resurgimiento del Tahuantinsuyo no era viable, pero en sus circunstancias no le quedaba más remedio que atraer principalmente al campesinado indígena. Para lograrlo, recurrió a sus prestigiosos atributos personales, pues estaba consciente de que la secular sumisión de esa explotada masa rural resultaba casi inconmovible, de no emplearse los valores tradicionales que esta respetaba. Entonces se proclamó rey, a la vez que se pronunciaba contra las gabelas, sisas, repartimientos de mercancías, aduanas, alcabalas, estancos, audiencias, corregidores y mita colonial. Dispuso también la devolución de los recién arrebatados resguardos, y prometió que al llegar sus hombres a la costa, otorgaría la libertad a los esclavos.

La insurrección se inició con la derrota realista en Sangarará el 17 de noviembre de 1780, tras la cual los efectivos indígenas compuestos por varias decenas de miles de quechuas, marcharon hacia el Cuzco, donde entablaron un combate que duró dos días. Al final de este enfrentamiento la improvisada tropa campesina huyó, carente de disciplina y organización militar; sus integrantes solo eran multitudes indígenas, compuestas de hombres de cualquier edad, transformados súbitamente en guerreros, quienes se desbandaban ante la menor victoria realista, aunque los efectivos insurgentes fuesen mucho mayores que los del enemigo.

Mientras, en el Altiplano, a pesar de que los insurrectos sufrieron la pérdida de Tomás Katari, al cual se le aplicó la ley de fuga el 15 de enero de 1781, tras ser apresado, el alzamiento aimara ganaba fuerza bajo la dirección de Julián Apaza, quien para prestigiarse adoptó el nombre de *Túpac Katari*. Este, casi de inmediato ordenó establecer sitio a La Paz con más de cuarenta mil hombres, en una acción que duró la mayor parte de ese año. Al parecer no sabía que del otro lado del lago Titicaca se desarrollaban importantes combates, y poderosas fuerzas colonialistas allá se preparaban para acabar a sangre y fuego con cualquier rebelión.

En efecto, a mediados de marzo de 1781, salió del Cuzco un ejército realista de 117 116 soldados bien entrenados, compuesto en su aplastante mayoría por disciplinados *indios fieles*, cuya principal tropa de choque eran las aguerridas Compañías de Indios Nobles, al mando de aristócratas quechuas como Pedro José de Oropesa y Mateo García Pumacahua. Estos efectivos destrozaron a los seguidores de Túpac Amaru II en Tinta el 6 de abril, en medio de una caótica estampida, pues el desorden cundió entre los campesinos, que pronto huyeron a la desbandada: los que no fueron muertos o apresados, se apresuraron a regresar a sus lugares de origen. El propio jefe incaico fue capturado un poco más lejos, en Langui. Su vida terminó al mes, cuando el 18 de mayo en la plaza pública cuatro caballos tiraron de sus miembros en direcciones contrarias para descuartizarlo.

A pesar de tamaña debacle la insurrección quechua continuó por el suroeste del lago Titicaca al mando de Diego Cristóbal, un hermano del desmembrado caudillo, en tanto que por el sudeste los aimaras mantenían el asedio a La Paz. Pero ambos alzamientos combatían por su cuenta, desconociéndose mutuamente, aunque se enfrentaran a un enemigo común. Hasta que las cohesionadas fuerzas de la metrópoli derrotaron a Túpac Katari, lo capturaron y despedazaron en la plaza de Penas el 13 de noviembre. Poco más tarde, fue apresado Diego Cristóbal Condorcanqui Túpac Amaru, quien fue ejecutado igual que su hermano por medio de una semejante y horrorosa tortura. Terminaba de esta forma, para los indígenas, su gran rebelión.

Quedaba demostrado que los campesinos no estaban suficientemente desarrollados para reorganizar la vida del país entero según sus intereses. No eran portaestandartes de nacionalidades en ascenso, sino esforzados y heroicos miembros de los oprimidos pueblos aimara y quechua, que luchaban por su liberación.

Los comuneros del Socorro

En Nueva Granada, como en el resto de los territorios bajo soberanía de España, el impulso absolutista de la Corona borbónica motivó que se expulsara a los jesuitas en 1767. Dicha Orden constituía un Estado dentro de otro, algo verdaderamente intolerable para un déspota ilustrado como el que entonces reinaba desde Madrid. A partir de ese momento, aunque las misiones y propiedades de los proscritos curas formalmente fuesen administradas por la real dirección fiscal llamada Bienes de Temporalidades, muchas de esas tierras, junto con los aborígenes que las trabajaban, cayeron bajo el control de los terratenientes indianos. En el Virreinato de Nueva Granada, uno de los principales favorecidos por esta práctica fue Jorge Miguel Lozano de Peralta y Varáez Maldonado de Mendoza y Olallá, marqués de San Jorge, octavo heredero del Mayorazgo de la Dehesa de Bogotá, cuya familia siempre había figurado entre los principales encomenderos del altiplano desde la época de la Conquista. Su principal propiedad era la hacienda El Novillero, en la Sabana, que abarcaba los actuales municipios de Funza, Serrezuela y Mosquera. Dicha heredad también se amplió en el último tercio del siglo XVIII con la nueva proyección que el absolutismo adoptó hacia las tierras indígenas, pues el Trono comprendió que la capitación percibida de los indios era independiente del uso dado a los suelos en sus resguardos.

El establecimiento del estanco del tabaco, así como el del aguardiente, no conllevaron conmociones sociales en Nueva Granada, porque entonces los cultivos de aquella hoja y de la caña de azúcar tenían escasa importancia en el Virreinato. Pero a lo largo del siglo XVIII la situación cambió, y en los albores del último tercio de la centuria se imponía ya una reorganización de las siembras. Para satisfacer al monopolio real, se prohibió la cosecha del tabaco en diversas zonas, entre ellas, la del Socorro. Esta provincia se había caracterizado por la preponderancia de la pequeña propiedad, tanto en los campos, donde había gran cantidad de vegueros, como en las villas, en las que existía un numeroso artesanado. En los últimos tiempos, sin embargo, surgían algunos grandes dominios gracias a la desaparición de muchos resguardos y la expulsión de los jesuitas. Y el descontento popular aumentó a principios de 1780, cuando al incremento de los precios en los alcoholes del Estanco se añadieron nuevos gravámenes a las producciones artesanas y al comercio minorista.

El estallido se produjo el 16 de marzo de 1781 en el Socorro, al publicar las autoridades absolutistas un conjunto de nuevos impuestos el mismo día del mercado. Entonces, llenas de ira, las masas populares asaltaron los almacenes de los monopolios estatales, saquearon las casas de los funcionarios y abrieron las cajas del fisco real. Luego, el movimiento se expandió a San Gil, Simacota, Charalá y Mogotes, hasta que al mes se decidió constituir un comando central de los sublevados, para lo cual se reunieron en Socorro los representantes de las diferentes localidades. En dicha asamblea, surgieron dos tendencias: una, moderada, que anhelaba circunscribir las reivindicaciones a las demandas mínimas planteadas por comerciantes y latifundistas; y otra, radical, deseosa de impulsar cambios revolucionarios en beneficio de los pequeñoburgueses, así como de indios y negros esclavos. Pero fue un representante de la primera, Juan Francisco Berbeo, quien emergió el 16 de abril de 1781 como la figura capaz de conciliar el foso entre ambas corrientes. Tras ser designado capitán general del común, Berbeo estructuró a los alzados en batallones según el sitio de procedencia, los disciplinó y, al frente de unos cuatro mil hombres, venció a las fuerzas absolutistas en Puente Real. Ese triunfo entusiasmó a las multitudes, que marchaban en oleadas hacia Zipaquirá con el fin de unirse allí a la tropa insurrecta. Y a medida que aumentaba el enorme caudal humano, cuyo número ya se aproximaba a las veinte mil personas, crecía también su radicalización.

La derrota realista atemorizó a los terratenientes y reaccionarios que vivían en Santa Fe de Bogotá, la capital, adonde las columnas insurrectas parecían dirigirse. Puesto que la coyuntura reclamaba hacer frente al peligro, el marqués de San Jorge animó a la oligarquía feudal a organizar la defensa con la fuerza de quienes trabajaban en sus predios, y a tal efecto dio el ejemplo, además, de donar medio millar de caballos. De todas maneras, las perspectivas no eran halagüeñas para la reaccionaria élite, pues ella sabía que de unirse el movimiento iniciado en el Socorro con el abundante artesanado santafecino, las consecuencias serían imprevisibles. Por lo tanto, antes de que se produjera el temido choque armado, aquella optó por negociaciones. A tal efecto la Junta de Tribunales se mostró dispuesta a rebajar el precio de venta al público del tabaco y el aguardiente; suprimir el impuesto llamado de la Armada de Barlovento, que en parte subvencionaba dicha flota de guerra, custodia de la navegación por las aguas de las Antillas Menores del sur; disminuir la alcabala a su nivel anterior del dos por ciento.

Antes de proseguir hasta su objetivo, Berbeo despachó hacia Honda una columna armada con el propósito de evitar la confluencia de fuerzas enemigas en dicha región. Al frente marchaba el caudillo de la tendencia revolucionaria: José Antonio Galán, joven charaleño, del cual no se sabe si era mestizo o mulato, se le calificaba de «pardo», quien capturó a Facatativa con la divisa «Unión de los oprimidos contra los opresores» inscrita en su estandarte. Allí, incitó a los indios a que no pagaran sus tributos y se rebelaran con el fin de recobrar sus resguardos. Poco después, en la Sabana, los aborígenes proclamaron *monarca de Bogotá y señor de Chía* al lejano descendiente de una antigua dinastía chibcha. Por su parte, Galán prosiguió el avance: tomó Villeta y Guaduas, donde repartió las riquezas de los pudientes entre los pobres; y se dirigió al valle del Magdalena, que había escogido como terreno de operaciones. A lo largo de su ruta, los humildes se sublevaban; quienes sufrían la aparcería o peonaje feudales se apoderaban de las haciendas en que trabajaban; los vegueros se unían a sus filas. El clímax tuvo lugar en la provincia de Mariquita, gran centro minero que explotaba la mano de obra africana y en el cual, el joven charaleño proclamó la abolición de la esclavitud.

Las conmociones revolucionarias desatadas por la gesta de Galán preocuparon a los ricos criollos, incluidos los que participaban en la rebelión encabezada por Berbeo. Muchos de estos pensaron entonces que sería más apropiado negociar con las autoridades absolutistas de la capital, antes que arriesgarse a una lucha cuyos resultados nadie podía prever. Así, ambos bandos llegaron a la misma conclusión: era imprescindible entenderse. Por esto se iniciaron las conversaciones en Zipaquirá, las cuales culminaron en un concordato compuesto de treinta y cinco artículos, mediante los que se dispuso: el fin del impuesto para la Armada de Barlovento, la disminución de los precios de venta al público del tabaco y el aguardiente, el cese del cobro de la alcabala sobre los frutos comestibles y el pago de solo el dos por ciento para los demás rubros, la suspensión de los gravámenes abonados por los blancos y demás castas. También se ratificaban los mandos militares de los comuneros y se les autorizaba a enseñar el uso de las armas a los vecinos de villas y ciudades. Asimismo se acordaba preferir a los criollos para los cargos de funcionarios. Y, sobre todo, se convenía devolver a los indios los resguardos que les hubieran sido arrebatados y no se hubiesen vendido a propietarios privados, a la vez que se les brindaban plenas garantías sobre los que aún se encontraban en su posesión. Este acápite era de suma importancia, pues sin él nadie podría desmovilizar a los campesinos indígenas.

Firmadas el 7 de junio de 1781 las Capitulaciones de Zipaquirá, Berbeo logró, con algunas dificultades, desbandar a quienes se encontraban bajo su mando. Después, entró en la capital, donde recibió el nombramiento de corregidor del Socorro, aunque no pudo de inmediato dirigirse hacia allí, pues debió recorrer muchos lugares en beneficio de la pacificación.

José Antonio Galán no aceptó la orden de licenciar a sus hombres y poner fin a la lucha en pos de resultados revolucionarios. Decidió, por el contrario, abandonar las regiones occidentales del Virreinato para regresar al Socorro y revivir allí el movimiento armado. Pero solo encontró pesimismo político y desplome moral; los comuneros se sentían traicionados y la apatía cundía entre ellos. Entonces pensó refugiarse en los Llanos, hacia donde se dirigía cuando fue herido y hecho prisionero. Se le ejecutó el primero de febrero de 1782.

Transcurrido un mes y terminado el peligro rebelde, las autoridades absolutistas derogaron el compromiso de Zipaquirá, y desataron una feroz represión contra los que habían soñado con una revolución.

La revuelta de los comuneros del Socorro representó una síntesis de todos los movimientos armados de oposición en Hispanoamérica durante el siglo XVIII. En el importante proceso neogranadino participaron ricos criollos, pequeñoburgueses rurales y urbanos, campesinos, indígenas y esclavos, todos al lado de la sublevación. Y sin embargo, esta, verdaderamente, no triunfó. Los inconformes participaban ya, en su inmensa mayoría, de la ascendente nacionalidad, cuyas proyecciones políticas, no obstante, carecían de la madurez requerida para orientarla hacia la independencia. El grito popular aún era, como en casi toda la América española, «Viva el rey y abajo el mal gobierno», pues no se había comprendido todavía que la génesis del problema radicaba en el colonialismo y no en los malos funcionarios absolutistas.

La indiscriminada represalia de la metrópoli despertó muchas conciencias, los ojos entonces se abrieron ante la primera necesidad de la época. La experiencia evidenció que para avanzar por la vía del progreso se requería, ante todo, arrebatar primero a España la propia emancipación.

Espejo y Nariño en Nueva Granada

Francisco Eugenio de Santa Cruz y Espejo nació en Quito, primogénito de un humilde indígena con una blanca pobre. Gracias a un cura benefactor, logró estudiar Medicina y Derecho en el mejor convento jesuita de la ciudad, que tenía excelentes profesores, poseía una biblioteca con cuarenta mil volúmenes y contaba con una novísima imprenta. En 1767, la Corona confiscó todos los bienes de la Orden de Jesús, pero en el caso de este soberbio centro educacional, dispuso que se adjudicara a la Audiencia como instalación pública. En ella, Espejo logró ser designado bibliotecario por sus excepcionales conocimientos sobre ciencia y cultura, aunque sin sueldo, por ser mestizo.

Una vez en su cargo, el joven imprimió sus muy apreciadas descripciones de la ciudad, pero en escritos posteriores censuró los estancos reales y las ordenanzas gremiales. Por ello, fue encarcelado en 1787, y luego se le desterró a Santa Fe de Bogotá. En esta ciudad neogranadina, Espejo estableció relaciones de amistad y colaboración con Antonio Nariño y Francisco Antonio Zea, quienes poseían una imprenta en Cundinamarca. Allí los tres, junto a otros patriotas, reflexionaban acerca de los acontecimientos ocurridos hacía poco en Socorro, y al estallar en 1789 la Revolución

Francesa, decidieron de inmediato traducir y reproducir su trascendente Declaración de los Derechos del Hombre y del Ciuda-
dano. En esos trajines los acompañaba el marqués de Selva Alegre,
hasta que en 1791 ambos quiteños decidieron retornar a su lugar de
origen, donde pensaban fundar alguna asociación que aglutinase a
los interesados en luchar por la independencia.

Ya en Quito, Espejo decidió aprovechar la autorización dada por
la Corona para que se constituyeran las llamadas Sociedades Económicas de Amigos del País,[6] pero introduciendo en la suya matices
más progresistas. Por eso la nombró Sociedad Patriótica de Amigos
del País, en la cual ocupó el cargo de secretario ejecutivo. El resto
de la dirección se conformó con el marqués de Selva Alegre y algunos elementos de la nobleza criolla, junto con ciertos hacendados
y diversos altos empleados que también compartían sus preocupa-
ciones políticas. Con ese respaldo, el inquieto impresor publicó el
primer periódico de la capital, titulado *Primicias de la Cultura*, que
bajo su orientación publicaba ideas renovadoras. A la vez, unos
cuantos conspiraban dentro de la referida asociación patriótica, en
cuyo seno Espejo elaboraba un avanzado proyecto de independencia; este comprendía a todas las colonias hispanoamericanas, que
tras liberarse deberían adoptar la forma de repúblicas democráticas.

En el desarrollo de sus empeños emancipadores, el decidido
revolucionario confió sus ajetreos anticolonialistas a su hermano
Juan Pablo, sacerdote que los comentó a su joven concubina, quien
los denunció en la Audiencia. Así, en enero de 1795, ambos fueron
apresados, aunque para Francisco Eugenio de Santa Cruz y Espejo
se reservó la peor mazmorra. Allí murió, a los doce meses, el Pre-
cursor de la independencia ecuatoriana.

O Bequimao, Felipe Dos Santos, Bernardo Vieira, Tiradentes

Brasil, desde el inicio de su colonización, atrajo los intereses comerciales de los europeos, pero el Gobierno de Lisboa logró enfren-

tarlos con éxito durante un tiempo. Pero con su absorción por la Corona española, el poderío lusitano no solo periclitó, sino que más tarde, para independizarse del fuerte vecino ibérico, Portugal tuvo que buscar el respaldo de Inglaterra. Esta condicionó entonces su ayuda a la concesión de ciertos privilegios, que finalmente recibió en 1642. En enero de ese año, un tratado entre ambos países brindó extraterritorialidad jurídica a todos los comerciantes ingleses que se establecieran en Portugal, así como una gran rebaja arancelaria a las mercancías introducidas por aquellos en este reino. Otro acuerdo, firmado por Cromwell una docena de años más tarde, estipuló la preferencia de buques británicos para realizar el intercambio mercantil portugués, y confirió a los ingleses libertad de comercio con Brasil mediante el pago en las aduanas de derechos que no superasen el 23 por ciento ad valórem. Y en 1661, antes de firmar la paz con Portugal, Holanda exigió y obtuvo que se le adjudicaran iguales facilidades que las recibidas por Inglaterra, para negociar con Brasil.

Las extraordinarias ventajas concedidas por Lisboa a las dos grandes naciones burguesas de Europa, lejos de irritar, deleitaban a los plantadores de Brasil, puesto que los vinculaba estrechamente con el mercado mundial. Por esto causó gran enfado un decreto del rey lusitano emitido en 1682, que establecía el monopolio comercial en Maranhao y Pará mediante una semifeudal compañía metropolitana, en la cual el Gobierno tenía importante participación. Otro factor de disgusto fue la creciente política centralizadora del Trono, empeñado en cercenar la autonomía de los municipios, hasta ese momento órganos electivos para la administración local, que la Corona deseaba transformar en simples ejecutantes de las órdenes reales. De esta manera, en la segunda mitad del siglo XVII se acentuaron las contradicciones entre los criollos de las distintas regiones brasileñas y Portugal.

La primera pugna de importancia entre ambos bandos estalló en Maranhao, cuando se impuso el férreo dominio comercial de la Compañía monopolista, y uno de sus accionistas fue nombrado gobernador de la Capitanía General. La paciencia de los plantadores de la región desapareció cuando dicho funcionario trasladó la sede gobernativa de Sao Luiz a la lejana ciudad de Belem. Cesaron entonces las quejas y empezaron las conspiraciones. La noche del 23 de febrero de 1684 los conjurados asaltaron el cuerpo de guardia de la antigua capital, depusieron a las autoridades coloniales, encarcelaron a los jesuitas y se apoderaron de todas las instalaciones de la referida empresa. Al amanecer, el movimiento rebelde tenía el control de la ciudad. Por doquier, se veía a los pobladores con armas. Solo faltaba instalar un régimen nuevo. A tal efecto, se convocó a una Junta General que aprobó las medidas adoptadas, abolió el monopolio comercial y estableció un gobierno presidido por un dueño de ingenio de ascendencia alemana. Se llamaba Manuel Beckman, más conocido por O Bequimao, quien reformó la infantería de línea y le dio otros mandos, organizó una milicia cívica, sustituyó a los funcionarios que no inspiraban confianza y confiscó los bienes de la entidad monopólica abolida. Después se acometió la tarea de propagar la sublevación a toda la Capitanía. Pero, a pesar de que en todas partes los enviados recibían aplausos y constataban las simpatías hacia sus revolucionarios decretos, la gente no quería comprometerse. Decían que nadie se había alzado con éxito contra el poder absolutista. Era una muestra de que a los fuertes rasgos del criollismo le faltaban todavía madurez para llegar a ser nacionalidad, aunque se marchaba en ese rumbo. Inseguros del respaldo brindado en otros sitios, los nuevos gobernantes no enviaron destacamentos armados a extender la rebeldía. Permanecieron ocho meses en Sao Luiz sin saber qué más hacer, hasta que decidieron enviar un representante a Lisboa para entablar negociaciones.

La Corona lanzó su contraofensiva al comprender la incertidumbre de los insurrectos; apresó al emisario y despachó un poderoso contingente, cuya presencia desbandó a los frustrados aprendices de independentistas en mayo de 1685. La ejecución de Beckman y su principal subalterno, llamado Jorge de Sampaio, tuvieron que ser acompañadas, sin embargo, de la abolición del odiado monopolio. No había otra forma de calmar los ánimos locales. Se evidenciaba que tiempos nuevos habían llegado, pues por primera vez los criollos habían desconocido a las autoridades coloniales y tomado en contra de esta el poder político. También, por primera vez, el Trono cedía ante los intereses económicos de los nacidos en América.

La independencia de criterio de los criollos de Brasil se manifestó nuevamente a principios del siglo XVIII, tras ser descubiertos por los habitantes de Sao Paulo grandes yacimientos auríferos en el centro del actual territorio de Minas Geraes. El hallazgo de semejantes riquezas atrajo a la zona miles de portugueses, muchos de ellos comerciantes, quienes pronto se granjearon la enemistad de la población criolla. Entre esta y aquellos, denominados *emboabas*, del guaraní «pata emplumada», por su costumbre de usar ostentosas botas, gradualmente surgieron choques, cuya generalización motivó que hacia 1706 existiese un virtual estado de guerra. Las primeras batallas se produjeron en las regiones del norte, sobre todo en Caeté y Sabará, para continuar luego en Caetpe, las cuales terminaron en victorias emboabas. Después, la misma tendencia se mantuvo, pues los criollos fueron expulsados de Ouro Preto y Sao Joao D'el Rei, y su retirada solo se detuvo a las puertas de Sao Paulo. Pero el triunfo dividió a los ambiciosos lusitanos, que se escindieron en dos campos, lo cual era la oportunidad que anhelaban los paulistas, cuyas fuerzas se habían reconstituido bajo la jefatura de Amador Blanco. A partir de entonces, todo sucedió como en las viejas expediciones de bandeirantes, pues los criollos irrumpieron en Minas Geraes para recuperar sus filones.

La necesidad de acabar con la Guerra de las Emboabas, que amenazaba con arrastrar en su estela al conjunto de la colonia, impulsó a la Corona en 1710 a despachar tropas que mediasen en el conflicto. La paz se alcanzó al reintegrarse a los paulistas yacimientos, esclavos y tierras.

Aún no se habían apagado las cenizas del referido conflicto cuando nuevas luchas estallaron en Minas Geraes. Pero en este caso se trataba de un enfrentamiento de los ricos dueños de vetas con el poder colonial. Dichos propietarios se quejaban por el aumento de gravámenes y restricciones al laboreo de sus yacimientos, pues se pretendía sustituir el pago del quinto real por una fiscalización directa de las minas de oro. La nueva práctica implicaba que todas las pepitas debían ser entregadas a los funcionarios reales, que devolverían el metal en barra a sus propietarios luego de haber cobrado el tributo de la Corona. El motín estalló la noche del 28 de junio de 1720, en Ouro Preto, dirigido por Felipe Dos Santos, cuando los sublevados expulsaron a las máximas autoridades absolutistas de la localidad, y enviaron un memorándum a Lisboa en el que se exigían negociaciones. Estas sirvieron, sin embargo, para distraer a los criollos, que por su escasa cautela fueron atrapados en la ciudad y zonas circundantes debido a un inesperado golpe de audacia de las tropas lusitanas. Y para escarmiento público, Felipe Dos Santos fue descuartizado en la plaza de la capital de Minas Geraes.

El tercer gran embate que reveló el despertar de la conciencia nativista fue el de la llamada Guerra de los Mascates. Esta peyorativa denominación, que significaba «mercader ambulante», la aplicaban los orgullosos plantadores de la ciudad de Olinda a los comerciantes de Recife, casi todos portugueses, con los cuales tenían diferencias económicas. Estas habían surgido a causa de la creciente expoliación que los criollos sufrían en el proceso de financiar y vender sus zafras a manos de los lusitanos, quienes eran especuladores y usureros. Respaldados por la Corona, los metropolitanos fijaban precios bajos y arbitrarios al azúcar, cobraban altas tasas a los créditos y ofrecían muy caros los esclavos, así como todas las demás importaciones. El clímax se alcanzó cuando el Trono aprobó en marzo de 1710 el traslado de la capital de Pernambuco, desde su tradicional sede en Olinda a Recife, con lo cual los comerciantes oficializaban su primacía. A las protestas criollas se respondió con el arresto de varios prominentes pernambucanos, quienes al sufrir estas medidas represivas «repetiam a boca larga que, se com o propio esferço se habiam libertado de dominio holandes, con mehor razao o fariam de Portugal». A partir de entonces los *senhores de engenho* comenzaron a reunirse en secreto, hasta que en octubre del propio año desde Olinda y sus plantaciones miles de hombres marcharon a poner sitio a Recife, la cual se rindió el 9 de noviembre de 1710.

La victoria criolla permitió que la antigua capital recuperase la sede gubernativa y se depusiera el aparato administrativo de la Capitanía. Luego, con vistas a definir el futuro político de Pernambuco, en esta ciudad se celebró una amplia reunión presidida por el Senado de la Cámara —Ayuntamiento—, en la que participaron las figuras más relevantes del momento. En el cónclave se definieron dos tendencias principales: una mayoritaria, moderada, que pretendía mantener el statu quo y lograr un entendimiento con la Corona. La otra, revolucionaria, encabezada por el rico plantador criollo Bernardo Vieira de Mello, dispuesta a proclamar una independencia republicana y burguesa si la negociación fallaba. ¡Por primera vez se hablaba en tales términos en América! Dicha postura reflejaba la fortaleza alcanzada por la ascendente nacionalidad en Pernambuco, aunque todavía solo comprendiera una parte minoritaria de los propios plantadores.

Mientras se esperaba la respuesta de Portugal, un inesperado contragolpe del Regimiento de Línea de Recife, que se había rendido pero no disuelto, expulsó a los criollos de la ciudad, aunque no logró evitar el reinicio del sitio. Pero las diferencias existentes entre pernambucanos acerca de los objetivos a alcanzar, permitió que se creara un equilibrio de fuerzas entre atacantes y sitiados. Tal era la situación militar cuando se produjo el arribo, en octubre de 1711, de una escuadra lusitana portadora de las propuestas del Trono ante el conflicto. El evidente desequilibrio bélico a favor de Recife y la postura moderada de la mayoría pernambucana, permitió solucionar el litigio sin nuevas violencias. Aunque derrotada, Olinda solo vio a algunos de sus más radicales dirigentes ser lanzados a prisión, cuyo ejemplo, no obstante, constituyó un jalón histórico. Esto, porque nadie en el futuro desdeñaría ya el extremo a que estaba dispuesta a llegar una creciente porción de los habitantes de Pernambuco frente a la metrópoli.

La tendencia a incrementar la dominación colonial portuguesa sobre Brasil se tornó más evidente con José I, cuyo reinado empezó en 1750, cuando el monarca entregó la jefatura del Gobierno al marqués de Pombal, decidido partidario del despotismo ilustrado, en Portugal se pensaba lograr dicho objetivo mediante los ingresos fiscales percibidos por la extracción del oro brasileño, así como por la monopolización de los demás rubros de importancia económica. Para alcanzar sus propósitos, Pombal aumentó las facultades del virrey do Brasil; restringió la autonomía de los ayuntamientos en la colonia; expulsó a los jesuitas; reformó la administración y eliminó las últimas capitanías donatarias; revitalizó el desusado sistema de semifeudales compañías comerciales monopolistas, con el fin de aprovechar el auge agrícola de las norteñas regiones brasileñas. A pesar de que Pombal cesó en sus funciones en 1777, las proyecciones recolonizadoras continuaron sobre Brasil. Así, en 1785, la monarquía portuguesa, plegada a los intereses de Inglaterra, cedió a las exigencias de esta y prohibió que existieran manufacturas textiles en la colonia, lo cual fue una medida que afectó mucho a la burguesía fabricante de paños en Minas Geraes.

A finales del siglo XVIII, la intranquilidad política causada por los decretos del absolutismo y el influjo del pensamiento enciclopedista francés, motivaron la proliferación de conspiraciones independentistas en Brasil. Una de las más importantes fue, sin lugar a dudas, la llamada Inconfidencia Mineira, cuyo núcleo giraba alrededor de ricos esclavistas propietarios de minas como Claudio Manuel da Costa, Tomás Antonio Gonzaga e Ignacio José de Alvarenga Feixoto. A su vez, el vínculo entre estos y algunos sectores compuestos por individuos menos enriquecidos lo representaba un oscuro alférez de caballería nombrado Joaquim José da Silva Xavier, a quien se le conocía como Tiradentes por su antigua profesión de dentista.

En 1788, los preparativos del levantamiento revolucionario se aceleraron con la llegada a Minas Geraes de los funcionarios encargados de cobrar las deudas al fisco real, acumuladas durante años. Los conspiradores estaban de acuerdo en establecer una república burguesa independiente, que decretara el fin de los gravámenes atrasados, autorizara el libre tránsito interno por la colonia, proclamara la libertad de comercio y auspiciara la creación de las manufacturas prohibidas por la metrópoli. Pero el movimiento estaba dividido en lo concerniente a los esclavos; los más progresistas deseaban otorgar la libertad a los nacidos en Brasil, mientras los otros rechazaban esta idea. Nadie, sin embargo, planteó abolir el régimen basado en la esclavitud, pues de esta emanaba el mayor poderío económico existente en la región.

El fracaso de la conspiración, al ser descubierta y arrestados sus principales líderes, no evitó que su ejemplo se expandiera por toda la colonia. Al revés. El confinamiento de unos, el ostracismo de otros y, sobre todo, la ejecución de Tiradentes el 21 de abril de 1792, esparció al viento de Brasil la fértil semilla de la libertad. ¡Por primera vez había surgido un grupo de revolucionarios cuyo principal objetivo era luchar por la independencia! Y ese hito no se olvidaría jamás.

La otra importante conspiración independentista del siglo XVIII fue la denominada Inconfidencia de Bahía, también a veces conocida como de los alfayates o sastres, la cual tuvo un significado diferente porque sus participantes eran en su inmensa mayoría gentes humildes. Había muchos artesanos, en gran parte mulatos, pequeños comerciantes, soldados de los regimientos de línea, algunos esclavos urbanos y hasta uno que otro plantador arruinado. Aunque por la calidad de su membresía se asemejaba a la Conspiración de los Iguales, que encabezara Gracchus Babeuf en París en 1796, en realidad estos bahianos solo se proponían establecer una república jacobina, es decir, pequeñoburguesa, que proclamase: la libertad civil mediante la igualdad racial, el fin de las restricciones gremiales a los oficios, el comercio libre y la abolición de la esclavitud.

El 13 de agosto de 1798, los complotados se volcaron a las calles de la ciudad reclamando un régimen republicano y dando vivas a la Francia de Napoleón. Pero las autoridades colonialistas aplastaron la revuelta y encarcelaron a muchos de sus participantes, procesaron a casi setecientos y ejecutaron a sus dirigentes. Entraron así en la historia Joao de Deus Nascimento, Lucas Dantas, Luis Gonzaga das Virgens y Manuel Faustino dos Santos Lira.

A otra conspiración de cierta relevancia se le denomina la Inconfidencia Carioca,[7] cuyas actividades revolucionarias habían comenzado en Río de Janeiro durante el año de 1786, mediante la creación de una supuesta Sociedad Literaria, que servía de pantalla para la difusión de las doctrinas burguesas europeas por un grupo de comerciantes criollos, disgustados por los abusos del monopolio lusitano. Descubiertos en 1794 por los agentes de la Corona absolutista, se encarceló a los involucrados bajo la acusación de pertenecer al *partido francez*.

Los posteriores sucesos de Pernambuco en 1801 fueron similares, pues allí el complot estuvo encabezado por los prominentes criollos Manuel Arrunda Camara y Azaredo Coutinho, cuya ejecución sirvió de simiente para los acontecimientos que tuvieron lugar en la propia región una década y media después.

Los choques de los criollos con los portugueses y su Corona proliferaron *in crescendo* durante cien años o más. Primero, se trató de reacciones de rebeldía ante grandes injusticias provocadas por la metrópoli y sus enviados. Luego, el malestar adquirió ribetes revolucionarios al vincularse con las ideas independentistas, que reflejaban el tránsito del criollismo a la ascendente nacionalidad. Pero esta era aún débil, pues se manifestaba de forma inconexa en Pernambuco, Sao Paulo, Minas Geraes, Bahía, Río de Janeiro. Faltaba todavía la indisoluble vinculación económica y política de las distintas áreas que integraban la colonia. Solamente entonces surgirían los brasileños, producto de la fusión de pernambucanos, paulistas, mineiros, bahianos, cariocas y otros integrantes del país, quienes primero tuvieron que nutrirse de una avanzada ideología, para lanzarse después a la lucha por constituir una Nación.

3. Pugnas coloniales y conflictos en Norteamérica

Virginia y Nueva Inglaterra *versus* Québec y la Louisiana

En Inglaterra, Enrique VII Tudor se ciñó la Corona en 1485, luego de su triunfo en la sangrienta Guerra de las Rosas,[8] que había enfrentado dos facciones de la nobleza feudal. La victoriosa y nueva Casa reinante se apoderó entonces de muchas propiedades de los vencidos y se dedicó a instituir una monarquía fuerte, que sometiera bajo su poder a las dos clases rivales representadas en el Parlamento. De esta forma, tanto la debilitada nobleza, en la Cámara de los Lores, como la insegura burguesía, en la de los Comunes, se plegaron al descollante rey, ante cuyo creciente absolutismo solo quedaba la independencia de la Iglesia católica.

Dado que el país estaba devastado por tanta contienda, el monarca decidió buscar algún paliativo externo, pues en Europa se iniciaba la época de los grandes viajes hacia América a través del Atlántico. Debido a ello, Londres se dispuso a participar en dichas expediciones, para lo cual en 1497 auspició que unos afamados marinos venecianos, pertenecientes a la prestigiosa familia de Giovanni Cabotto, pusieran rumbo al Nuevo Mundo por encargo del Trono inglés. También Enrique VII forjó una alianza con los Reyes Católicos al desposar a su primogénito con Catalina, fruto del amor de los referidos monarcas ibéricos. Asimismo casó a su hija Margarita con Jacobo IV Estuardo, rey de Escocia, a cuya nieta se le bautizó con el nombre de María.

En 1509, Enrique VIII ocupó el Trono y, un tiempo después, solicitó a Clemente VII que anulara la dispensa otorgada por su predecesor, el Papa Julio II, la cual lo había autorizado a casarse con la viuda de su hermano, nupcias que sin dicho permiso el derecho canónigo no hubiera permitido realizar. El rey llevaba dieciocho años de matrimonio con Catalina, y luego de seis partos sin varón de su cónyuge, anhelaba con desespero uno. Además, estaba prendado de Ana Bolena, bellísima azafata en la Corte, con la que se rumoraba que sostenía una oculta relación. El complaciente Sumo Pontífice en principio se inclinó a satisfacer el ruego, pero al enterarse Carlos I de España y V de Alemania de semejante disposición a preterir a su tía, bramó de ira contra el Papa, quien atemorizado se retractó.

Entonces, Enrique conminó al clero inglés a reconocerlo como cabeza suprema de la Iglesia en su reino, a la vez que el dócil Parlamento lo autorizaba a suspender el pago de las anatas o emolumentos enviados anualmente al jefe de los católicos en Roma. Después, el monarca nombró a un fiel suyo como arzobispo de Canterbury y le solicitó que accediera a lo que Clemente se había negado. Furioso, el Papa excomulgó al soberano, quien respondió declarando reos de alta traición a los que no reconocieran la supremacía eclesiástica del rey en Inglaterra. Así, rodó en 1535 la cabeza de Tomás Moro,[9] quien había ocupado el elevadísimo cargo de canciller.

Con el propósito de hacer más débiles a sus enemigos, el monarca suprimió los monasterios y expropió sus tierras. La Corona se adueñó de una parte y el resto lo distribuyó entre sus partidarios, quienes las cercaron bajo el concepto de propiedad particular y desde entonces se enriquecieron.

Pero las angustias religiosas de Enrique VIII no terminaron con su separación del Papado, pues hacia finales de su reino comenzaron a introducirse en Inglaterra las ideas de la Reforma, que desde Ginebra irradiaba la novedosa Iglesia de Calvino, las cuales sobre todo eran aceptadas por los ascendentes elementos de la burguesía. Estos nuevos criterios se fortalecieron a la muerte del soberano en 1547, cuando el tutor de su joven hijo facilitó la divulgación del calvinismo, cuyos adeptos en Inglaterra se denominaban presbiterianos. También durante seis años se confiscaron las propiedades del clero seglar católico, y se procedió con ellas de igual forma que antes se hiciera con las monásticas.

El temprano fallecimiento de Eduardo VI Tudor significó un alto en el avance de las corrientes anticatólicas, pues la hija de su primo y nueva monarca, María Estuardo Tudor, era reina de Escocia, hija de Jacobo V, y una ferviente papista que, para colmo, se casó con su primo segundo y jefe de la Contrarreforma, Felipe II de España. Pero los crueles excesos del celo restaurador apostólico romano no solo le endilgaron el apropiado mote de «la sangrienta», sino que en apenas un lustro la obligaron a abdicar a sus dos Tronos. En Inglaterra, a la desplazada del poder la heredó Isabel, su joven tía segunda e hija de la protestante Ana Bolena. Durante el reinado de la nueva soberana, el anglicanismo definitivamente se convirtió en Iglesia oficial del país, con una doctrina uniforme dictada por el Parlamento que, al mismo tiempo, impuso un Alto Tribunal Eclesiástico, sometido exclusivamente a la autoridad real, como especie de modificada Inquisición contra los herejes, fuesen ellos católicos o presbiterianos.

Inglaterra comenzó su gran carrera naval durante el reinado de Isabel Tudor, cuando súbditos suyos acometieron la piratería, el contrabando y la trata de esclavos. Uno de esos precursores fue John Hawkins, quien robaba africanos a los portugueses cazadores de esclavos en el litoral de Guinea y los vendía a los plantadores criollos en el Nuevo Mundo. Este audaz inglés compartía con la soberana, entre otras cosas, dichos beneficios, que luego invertía en diferentes actividades. La monarca le correspondía con favores de diverso tipo y hasta lo nombró contralmirante para que participase en los combates contra la Armada Invencible, en los cuales se doblegó al poderío naval español. Fue su primo, Francis Drake, el primero que recibió de Isabel una Patente de Corso, con el propósito de que se enriqueciera por las costas de las colonias hispanas de América.

Otro famoso corsario, pirata y fanfarrón comerciante inglés fue el muy bien parecido Walter Raleigh, favorito de la reina, quien de esta recibió una Carta de Privilegio para que «ocupara y poblara» en América las tierras que estimara, tal y como ya había hecho en Irlanda. En agradecimiento, este aventurero nombró Virginia a la vasta y entonces mal conocida franja de tierra al norte de la Florida, en un intento por mantener inmaculado el maltrecho honor de Isabel. Después, en la isla de Roanoke, en la actual Carolina del Norte, fundó en 1585 la primera colonia inglesa del territorio que ahora constituye Estados Unidos, la cual fracasó en poco tiempo.

A la muerte sin hijos de Isabel en 1603, subió al Trono el primogénito de María Estuardo Tudor, Jacobo VI de Escocia y I de Inglaterra, con lo cual los dos reinos británicos volvieron a estar unidos bajo un mismo soberano. Entonces en gesto de amistad, el nuevo monarca ordenó la paz con España a la vez que disponía la ejecución de Sir Walter Raleigh. Más tarde, el rey insistió ante el Parlamento, y contra el poder de este, acerca del carácter absoluto de la monarquía. La Corona tiene «Derechos Divinos», decía.

En lo concerniente al Nuevo Mundo, Jacobo se empeñó en impulsar su colonización mediante empresas por acciones, de las cuales la primera fue la Compañía de Londres. Esta envió al frente de su expedición a John Smith, quien fundó Jamestown en Virginia durante el año 1607, en honor al rey. En contraste, un grupo de puritanos ortodoxos perseguidos por la asfixiante Corona anglicana, se aglutinaron en otra compañía en 1620 y, a bordo del *Mayflower*, navegaron mucho más lejos al norte, hasta que se establecieron en la bahía de Plymouth.

Paulatinamente, otros núcleos fueron surgiendo: la norteña ciudad portuaria de Boston, en 1630; cuatro años después, en honor a la esposa del nuevo rey Carlos I Estuardo, se constituyó la colonia de Maryland, en la cual se asentaron muchos católicos. La heterogeneidad también se reflejaba en la fuerza de trabajo empleada. Dado que los aborígenes no eran utilizables con grandes resultados, pues aún se encontraban en la comunidad primitiva, desde el inicio algunos inmigrantes europeos recurrieron en la región septentrional a los *indentured servants*. Mientras otros, sobre todo en el sur, compraron esclavos africanos a partir de 1619. Así, acorde con la tendencia político-religiosa de la gente se poblaron diversos territorios, pues en el segundo cuarto del siglo XVII los choques sociales se agravaban y la intolerancia crecía. Los *puritanos* criticaban a la Iglesia oficial anglicana por mantener ritos y estructuras asociadas con el catolicismo, en tanto ellos practicaban las más simples formas de fe y culto protestante. En revancha, la represión real inducía a muchos pertenecientes a sectas radicales a emigrar hacia Norteamérica, donde se asentaban para regirse acorde con sus creencias mediante el autogobierno. De esa manera, de forma diferenciada, en la costa atlántica se fue ampliando la colonización con grupos que defendían concepciones variadas, según las cuales en definitiva terminaron conformándose lo que se podría definir como tres tipos distintos de colonia, a pesar de existir notables divergencias internas en cada uno de ellos.

El conglomerado septentrional, denominado Nueva Inglaterra y cuyo eje era la bahía de Massachussets, se caracterizaba por una geografía que dificultaba la agricultura. pero ofrecía bosques. Esto facilitó que emprendedores artesanos construyeran numerosos aserraderos, con cuyas excelentes maderas construían barcos luego empleados en la pesca del bacalao y en el comercio marítimo. Por eso, la mayoría vivía en ciudades portuarias, en las que fabricaban mucho ron con melazas adquiridas en las Antillas. Este después se trocaba en África por esclavos, que ulteriormente cambiaban en el Caribe por las referidas mieles finales. Era el llamado comercio triangular, que practicaban los habitantes de una región caracterizada por su rígida ortodoxia religiosa puritana.

Las colonias de la zona media podían ejemplificarse en Pennsylvania, Delaware y Nueva York. Aunque sin lugar a dudas esta última despuntaba por su heterogeneidad, todas podían ser caracterizadas como sociedades más variadas, cosmopolitas y tolerantes que las de Nueva Inglaterra. Filadelfia fungía como el corazón de dicha área, donde junto a ingleses abundaban escoceses, irlandeses y holandeses, además de otros pobladores europeos, como los alemanes, quienes en sus importantes centros urbanos practicaban el comercio con sus magníficas producciones artesanales de tejidos, calzado y muebles.

El Sur, conformado en primer lugar por Virginia, Maryland y las Carolinas, era predominantemente rural, con una bipolaridad evidente; al lado de multitud de minúsculas propiedades de autosubsistencia, existían grandes latifundios esclavistas agroexportadores. Con frecuencia los desarrollaba una aristocrática élite anglicana, que en esa actividad había encontrado refugio al rigor del Gobierno de Cromwell.

Después de la Restauración, Carlos II Estuardo dispuso que se prestara más atención a los asuntos de Norteamérica. A pesar de ello, nuevas leyes laborales dificultaron la emigración de los ingleses pobres, lo cual provocó que desde 1680 llegaran a dichas colonias más europeos continentales que metropolitanos. No obstante, en esos territorios vivía cerca de un cuarto de millón de personas no aborígenes una década después. Pero la Revolución Gloriosa en Inglaterra afianzó la supremacía del Parlamento, lo cual repercutió grandemente en las colonias. Desde entonces, en ellas las asambleas regionales de burgueses proclamaron sus derechos y libertades frente a los gobernadores nombrados por el monarca, lo cual facilitó el autogobierno. Menos en las zonas fronterizas occidentales, donde la constante expansión hacia el oeste y los consecuentes sistemáticos conflictos con los indios y los franceses, provocaban una verdadera situación de ingobernabilidad.

Los colonizadores de Norteamérica heredaron las tradiciones de los ingleses en su larga lucha por las libertades, y se sentían con los mismos derechos que los nacidos en la metrópoli, sin sentimiento alguno de subordinación hacia esta. Incluso, a fines del siglo XVII o principios de la siguiente centuria, las legislaturas coloniales contaban con dos importantísimos poderes, semejantes a los del Parlamento en Londres; el derecho de voto en materia de impuestos y egresos, así como el de proponer leyes. Parecía existir, por lo tanto, una total igualdad.

La Guerra de los Siete Años y sus consecuencias

En 1608, el rey de Francia Enrique IV ordenó una expedición al mando del experimentado navegante Samuel Champlain, quien fundó una colonia y la villa de Québec en el actual Canadá; desde entonces los franceses empujaron la frontera por el río San Lorenzo rumbo al sur, hacia el interior del continente. Establecieron Montreal en 1642, llegaron a los Grandes Lagos, erigieron el fuerte después llamado por ellos Detroit, exploraron el territorio de Ohio, crearon el poblado de Saint Louis en las márgenes del río Mississippi y navegaron por sus aguas hasta la desembocadura, donde en 1718 fundaron Nueva Orleans. Ese extenso territorio era rico en pieles, y en la lucha por dominarlo, los franceses sostenían crecientes choques con los colonos ingleses, que avanzaban hacia el oeste y el norte. De esa forma, los británicos arrebataron definitivamente la Acadia a sus rivales en 1710, y la redenominaron Nueva Escocia, con capital en Halifax, debido a lo cual dichos predios se convirtieron en la decimocuarta colonia de esa metrópoli en América del Norte. Más tarde, el conflicto adquirió mayor intensidad por Ohio, donde las críticas relaciones entre ambas partes desembocaron en abiertas hostilidades hacia 1754. Y a los dos años, una declaración formal de guerra, con Inglaterra de un lado y las coaligadas Francia y España del otro, generalizó los combates, que implicaron la toma de La Habana y Québec por los ingleses. El Tratado de Paz de 1763 devolvió La Habana a cambio de la Florida, y entregó toda la Nueva Francia a Inglaterra. Así, de súbito, los sesenta mil habitantes de Québec vieron cambiar su soberanía. Pero muchas de las tribus aliadas tradicionalmente a los franceses no aceptaron la derrota y, guiados por los indios ottawa, pertenecientes a la cultura algonquina, dirigidos por su jefe Pontiac, prosiguieron los combates durante un par de años más.

El éxito de las Fuerzas Armadas británicas en la guerra contra Francia, en buena medida se debió a la participación de soldados, como el coronel George Washington, reclutados entre el millón y medio de personas que vivían en las colonias de Inglaterra en Norteamérica. Sin embargo, para la sorpresa de dichos súbditos, que se aprestaban a beneficiarse de una victoria sentida como propia, el Gobierno de Londres decidió remodelar el sistema colonial y hacerlo más restrictivo. Para alcanzar esos objetivos, una proclama real en el mismo 1763 puso fin a la expansión de los norteamericanos hacia el oeste; se reservaba dicho territorio para quienes hasta entonces lo habitaran, es decir indios y franceses, a los cuales la nueva metrópoli deseaba atraer. Por si esto fuera poco, un año después, la emisión de la Ley del Azúcar dificultó el hasta entonces frecuente comercio de melazas con Cuba y las Antillas francesas. A la vez, la mencionada disposición autorizaba registrar las «casas sospechosas» de participar en dicha actividad. Además, en el propio 1764 se promulgó la Ley de la Moneda, que ilegalizaba los billetes expedidos en las colonias. Después, a inicios de 1765, la Ley del Timbre impuso el pago de una estampilla para cualquier documento, escritura o periódico. Y, simultáneamente, la Ley de

Acuartelamiento exigió que las colonias brindaran albergue y provisiones a las tropas reales.

En rechazo a ese conjunto de medidas, grupos de hombres eminentes fundaron los Hijos de la Libertad y otras organizaciones secretas. Al mismo tiempo, la Cámara de los Burgueses de Virginia, incitada por Patrick Henry, y la de Massachussets, protestaban por las referidas disposiciones e invitaban a sus semejantes de las otras colonias a reunirse en Nueva York en octubre de 1765. Allí, se acordó enviar al Parlamento y rey ingleses un documento mediante el cual solo reconocían los impuestos que ellos mismos estipulasen y, además, reafirmaron sus ancestrales derechos. Desde entonces y durante cinco años, las relaciones metrópoli-colonia fueron oscilantes e indecisas, hasta que a principios de 1770 dos regimientos británicos fueron situados en Boston. Su presencia en esta ciudad originó una tumultuosa protesta, durante la cual los soldados causaron cuatro muertos a la población civil. Este hecho, calificado de «masacre» por los patriotas más radicales, como Samuel Adams, fue desde entonces enarbolado para movilizar al pueblo con el propósito de que luchase por la independencia. A tal fin, a los dos años, este revolucionario concibió la creación de Comités de Correspondencia, mediante los cuales quienes simpatizaban con dichos propósitos dieron a conocer sus puntos de vista a la mayor cantidad de personas posible. Hasta que, en 1773, las posiciones se deslindaron definitivamente, al otorgar el Gobierno de Londres a la inglesa East India Company, el monopolio de la comercialización del té en sus colonias norteamericanas. En repudio a esta disposición, Adams y un grupo de audaces hombres disfrazados de indios, lanzaron al agua el cargamento de tres barcos anclados en Boston durante una noche de diciembre del mismo año. Pronto el Parlamento inglés respondió: clausuró este puerto hasta que se pagara el té destruido, restringió los derechos de las autoridades locales y ordenó que se alojase a los soldados metropolitanos en las casas particulares de los colonos. También emitió la llamada Acta de Québec, mediante la cual adjudicaba Ohio a ese antiguo territorio francés, y autorizaba a sus habitantes a preservar sus tradicionales leyes y costumbres. Aceptaba, incluso como legal, que se mantuviera la privilegiada posición de la Iglesia católica, y su práctica de recolectar el diezmo.

La Cámara de los Burgueses de Virginia pronto instó a las demás colonias norteamericanas a reunirse en Filadelfia en septiembre del propio 1774, para expresar su repulsa hacia las referidas leyes, calificadas de coercitivas e intolerables. Tuvo lugar así lo que llegó a conocerse como Primer Congreso Continental, que dictaminó sobre el derecho de los colonos a la vida, la libertad, la propiedad, así como subrayó la capacidad de las legislaturas de las diferentes regiones norteamericanas a normar cuestiones como tributaciones y sistemas políticos internos.

En dicho cónclave, además, se decidió formar una Asociación Continental y un sistema de comités, encargados de controlar el cumplimiento de lo acordado. Por su parte, el monarca se limitó a comentar que los participantes en las referidas deliberaciones eran rebeldes y añadió que debían «someterse o vencer». De esta manera, ambos bandos se encaminaron al enfrentamiento, cuya fase bélica comenzó en Lexington el 19 de abril de 1775, cuando en un choque armado perecieron ocho milicianos norteamericanos. Pero en su camino de regreso, desde Concord hasta Boston, la tropa inglesa tuvo más de doscientos cincuenta muertos. Enseguida, un Segundo Congreso Continental, en mayo, decidió levantarse en armas, nombró comandante en jefe a George Washington y movilizó a los milicianos para que avanzaran hacia Canadá. Los rebeldes ocuparon Montreal, pero las tropas dirigidas por Benedict Arnold fueron derrotadas en Québec el 31 de diciembre y tampoco lograron que la colonia de Nueva Escocia se les uniera. En ese contexto, en enero del año siguiente, Thomas Paine con su manifiesto titulado *Sentido Común* reclamó la formación de una república, cuya independencia finalmente fue proclamada el 4 de julio de 1776. El referido documento estaba muy influido por las ideas de la Ilustración francesa y por el Tratado de Gobierno de John Locke, que el virginiano Thomas Jefferson había sintetizado.

Independencia de Estados Unidos

Inglaterra lanzó una contraofensiva que le permitió ocupar Nueva York en agosto, aunque en enero de 1777 sus efectivos fueron detenidos en Princeton, para luego avanzar de nuevo hasta tomar Filadelfia, lo cual puso en fuga al Congreso Continental. Entonces, las fuerzas de Washington padecieron el gélido invierno de Valley Forge, Pennsylvania, en medio de inenarrables dificultades. Sucedía que los agricultores y comerciantes preferían vender sus mercancías a los ingleses a cambio de plata u oro, en vez de aceptar el papel moneda emitido por los independentistas. Pero en definitiva, la ofensiva británica proveniente de Canadá fue detenida por las tropas de Arnold, quien después traicionó a la revolución en West Point.

Desde el punto de vista internacional, a partir de mayo de 1776, la insurgencia norteamericana recibió el apoyo de Francia, deseosa de restablecer el equilibrio perdido en la Guerra de los Siete Años. Luego, en febrero de 1778, esa potencia continental europea reconoció a la Unión Americana como Estado independiente, le otorgó concesiones comerciales y firmó con ella el Tratado de Alianza debido al cual Inglaterra y Francia entraron en guerra, a la que oficialmente se sumó España en 1779. Desde antes, sin embargo, ya La Habana se había convertido en centro de abastecimiento de los independentistas a través de la Louisiana.

Tras el rompimiento de las hostilidades, el Gobierno de Madrid designó a un cubano como su representante ante los insurrectos, a la vez que el astillero y el arsenal habaneros se dedicaban a reparar y reartillar la escuadrilla rebelde comandada por Alexander Gulon. Después, un ejército español, en parte compuesto por criollos de Cuba, desembarcó en la Florida y debido a sus victorias en Manchac y Panmure pudo avanzar hasta Baton Rouge, con lo cual el Mississippi quedó despejado de tropas inglesas. Luego, con refuerzos de los batallones de pardos y morenos de La Habana y su regimiento de fijos, las fuerzas hispanas tomaron Mobile en febrero de 1780 y al año ocuparon Pensacola, acción en la cual descolló el venezolano Francisco de Miranda.

Francia, por su parte, envió un ejército de seis mil hombres hacia Norteamérica a mediados de 1780, mientras su flota hostigaba a los ingleses por el Atlántico. Al mismo tiempo, gracias a una importante colecta pública en La Habana, se recaudaron casi dos millones de pesos de ocho reales, Washington pudo financiar parte de su ofensiva por Virginia contra los británicos, durante la cual se destacaron los nuevos refuerzos habaneros, así como Miranda, quien contribuyó de manera notable a la decisiva victoria independentista en Yorktown, en octubre de 1781.

Agobiada por el flujo de recursos desde Cuba, Inglaterra en 1782 pretendió retomar La Habana, pero fracasó en su intento. Tampoco pudo impedir que desde esta isla antillana se ocuparan las Bahamas. Entonces los ingleses tuvieron que iniciar conversaciones, las cuales desembocaron en el Tratado de 1783. Este reconoció la independencia, soberanía y libertad de trece heterogéneas colonias, aglutinadas de manera muy autónoma en una república que tenía tres fronteras. La primera, conformada por el río Mississippi, tras el cual se encontraba la parte de la Louisiana entregada por Inglaterra a España, incluidas las villas de Saint Louis y Nueva Orleans; la segunda frontera, el Canadá inglés, al que emigraron unos cien mil «leales» o contraindependentistas, cerca del diez por ciento de la población norteamericana, lo cual demográficamente les equiparó en aquel país norteño a la población francófona existente; y la tercera, la Florida, devuelta a la Capitanía de Cuba.

En Estados Unidos de América aprobaron una Constitución Federal en 1788, acorde con la cual el pueblo era el único soberano. También se estableció una clara división, en busca de un equilibrio, entre los tres poderes nacionales. A su vez, todas las excolonias se dotaron de su propia Constitución y similares instituciones estaduales, que determinaban una diversidad de aspectos particulares en cada sociedad. Entre dichos textos normativos, existía una gran disimilitud, por ejemplo, mientras los del Sur legalizaban la esclavitud, muchos en el Norte promulgaban medidas progresistas, como el de Pennsylvania, donde los artesanos ejercían gran influencia. En la Unión, el legislativo se componía del Senado, dos miembros por cada estado, y la Cámara de Representantes, integrada de manera proporcional al número de habitantes; ambos cuerpos, independientes entre sí, decidían cuestiones de paz y guerra, leyes comerciales y arancelarias, así como otros asuntos de importancia general. El Congreso también controlaba las tierras federales o del oeste, las cuales podían convertirse en nuevos estados cuando contaran con sesenta mil ciudadanos. Un gabinete de secretarías, tesoro, defensa, justicia, estado —relaciones exteriores—, correos, auxiliaba en el ejecutivo al presidente de la nación, a quien no se elegía directamente sino por medio de una segunda instancia, por el voto de los llamados *compromisarios* estaduales cuyo número se establecía en cada territorio según su población. El poder judicial correspondía a la Corte Suprema, cuyos integrantes nombraba el presidente de la Unión de forma prácticamente inamovible, como en el caso de los Tribunales Federales.

Notas

Capítulo 1. América originaria

1. *Bula Papal*: Documento del Sumo Pontífice católico que contiene alguna gracia, privilegio o providencia.

2. *Cortes*: La institucionalidad en Castilla desde 1484 se basaba en tres poderes: monarquía, municipios y Cortes. A su vez, estas se formaban con tres estamentos conocidos como *estados*. El primero formado por la nobleza; el segundo, por la jerarquía eclesiástica; y el tercero, por los burgueses que pagaban impuestos. A este se le denominaba también estado llano.

3. *Herejía Albijense*: Se denominaba así a ciertos católicos de Francia meridional —cuya influencia se extendió hasta Aragón— que rechazaron el uso de los santísimos sacramentos, se negaban a participar en manifestaciones religiosas en el exterior de las iglesias y repudiaban la jerarquía eclesiástica. Dado que dicho fenómeno se inició en la ciudad de Albi, se calificó como *herejes albijenses* a los que participaban de dicha tendencia.

4. *Fueros*: Leyes o códigos que durante la Edad Media se daban a una jurisdicción, municipio o estamento, como los eclesiásticos y militares.

5. *Adelantado*: Antiguamente gobernador militar y político de una provincia fronteriza que se deseaba conquistar. También fungía como justicia mayor de dicho territorio.

6. Cada peonía contaba con un solar de cincuenta pies de ancho y cien de largo, cien fanegas de tierra de labor y pastos para diez puercos, veinte vacas, cinco yeguas, cien ovejas y veinte cabras.

7. Esta colonia de Santa Marta no debe confundirse con la de Santa María, fundada en 1511 por Martín Fernández de Enciso en la región del Darién.

8. Pizarro ideó apoderarse de Atahualpa durante la entrevista acordada con el Sapa Inca a celebrarse en una plaza de la urbe. Con tal propósito, secretamente, situó de manera estratégica dos escuadrones de caballería, sus dos cañones y la infantería. Estas fuerzas deberían entrar de forma simultánea en acción, una vez que él lograse apresar al monarca, para sorprender y aterrorizar a la corte incaica e impedirle cualquier reacción.

Atahualpa, confiado en la fuerza de su imperio e incapaz de sospechar la felonía de los castellanos, acudió desprevenido a la reunión. Al atardecer, sin que se percibiera un soldado castellano, el Sapa Inca entró en la plaza y conversó con un sacerdote dominico enviado por Pizarro, quien en un momento dado, dio la orden de ataque. Este empezó con un cañoneo, seguido de una carga de caballería, acompañada del fuego de los mosquetes de los infantes, mientras el audaz exporquerizo se adueñaba del asombrado monarca, ahora cautivo.

Capítulo 2. América Latina colonizada

1. *Anata*: Se llamaba así al pago de la renta anual que se debía abonar por haber recibido algún beneficio, pensión o empleo. A veces ascendía hasta la mitad de lo que se percibía.

2. *Almagristas*: Se denominaba de este modo a los seguidores de Diego Almagro. Tras la ejecución de este en 1538, los partidarios suyos que sobrevivían se aglutinaron alrededor de su hijo mestizo, conocido como Almagro el Mozo, y atacaron a Francisco Pizarro en su palacio, donde le dieron muerte junto a su medio hermano materno Francisco Martín de Alcántara. Después, el joven se autoproclamó gobernador y capitán general, pero casi de inmediato fue derrotado por sus enemigos, quienes lo decapitaron. El resto de los almagristas huyó hacia los Andes, donde fueron acogidos por las huestes de Titu Cussi Yupanqui que aún resistían la conquista. Al poco tiempo, sin embargo, por una nimia discusión durante un juego de pasatiempo, un díscolo almagrista apuñaló mortalmente al Sapa Inca rebelde, tras lo cual se exterminó al resto de los refugiados españoles.

3. Al morir, Francisco Pizarro había sido ennoblecido con el título de marqués, se había unido con una princesa incaica hija de Atahualpa con la cual tuvo dos descendientes, un varón y una hembra, tenía veinte mil encomendados y aún era analfabeto.

4. *Felipe II*: Hijo de Carlos de Habsburgo e Isabel de Portugal, recibió dos veces la regencia de España. Su primer matrimonio fue con María de Portugal, el segundo con María Estuardo Tudor, el tercero con Isabel de Valois y el último con Ana de Austria. Sus regencias estuvieron motivadas por las ausencias de su padre, electo en 1519 como Carlos V de Alemania, quien tuvo que enfrentar en los territorios bajo su soberanía múltiples conflictos: con el rey Francisco I de Francia sostuvo cuatro guerras, en una de las cuales ordenó el saqueó a Roma, sede del Papa; con los turcos los frecuentes combates fueron por tierra y mar; rompió hostilidades con los protestantes tras el Concilio de Trento, convocado por el Sumo Pontífice católico, con el propósito de enfrentar la Reforma religiosa planteada por Lutero, Zwinglio y Calvino. A partir de entonces surgió la

Contrarreforma, cuyo adalid fue Felipe II y una de sus principales fuerzas la Compañía de Jesús u Orden de los Jesuitas, fundada por el austero, disciplinado y agresivo Ignacio de Loyola.

5. *Asiento*: Contrato u obligación que otorgaba la Corona a un individuo para proveer determinada mercancía, en lugares establecidos, magnitudes y precios acordados.

6. *Burguesía anómala*: El célebre economista escocés Adam Smith, en el siglo XVIII, observó que en América los plantadores por regla general eran agricultores y terratenientes, por lo cual la renta de la tierra se confundía con la ganancia. Carlos Marx reconoce este aporte en su *Historia crítica de la teoría de la plusvalía*, que luego —en el tomo I de sus *Fundamentos de la crítica de la economía política*, así como en el tomo III de *El capital*—, profundiza al constatar que la «forma americana» de esclavitud individual era por completo distinta, de la «fase patriarcal o grecorromana» del modo de producción esclavista. Esta última se debía al escaso desarrollo de la división social del trabajo y de las fuerzas productivas, debido a lo cual la masa de esclavos solo engendraba un pequeño producto adicional dedicable al comercio. En cambio, Marx precisa que la «forma americana» de esclavitud —surgida en las plantaciones— producía sobre todo para el mercado mundial y estaba ocasionada por la ausencia de mano de obra explotable; luego añade: «Allí donde impera la concepción capitalista, como ocurre en las plantaciones (...) toda la plusvalía se reputa ganancia». Y concluye: «Si hoy día llamamos con justo título capitalistas a los propietarios de las plantaciones americanas, es que ellos representan una anomalía en el mercado mundial basado en el trabajo libre». De ahí la calificación de «burguesía anómala», que se aplica a los dueños de las plantaciones esclavistas.

7. *Henry Morgan*: Con posterioridad a su desembarco en Barbados, este individuo se convirtió en pirata, corsario y filibustero. Luego asoló las costas de Cuba y se apoderó de Puerto Bello. Notable por su audacia y ferocidad, se adueñó de la isla de Santa Catalina y saqueó e incendió la villa de Panamá. Más tarde, Carlos II de Inglaterra lo nombró teniente gobernador de Jamaica, pero su inaceptable conducta y sus constantes rapiñas provocaron su destitución en 1683. Murió un lustro después, a los cincuenta y tres años de edad.

8. *Enrique IV de Francia*: En su calidad de rey de Navarra, que profesaba la religión protestante, aspiraba al vacante trono francés. Pero la Santa Liga Católica, con el apoyo de Felipe II de España, se opuso. Entonces, Enrique abjuró de sus convicciones religiosas y bajo el lema de «París bien vale una misa», se convirtió al catolicismo. Después de coronado rey de Francia, se dedicó a la reconstrucción político-administrativa del país y emitió el Edicto de Nantes, que garantizó la libertad religiosa de sus antiguos correligionarios, llamados hugonotes.

9. *Richelieu*: Armando Juan Du Plessis, cardenal y duque de Richelieu, había sido nombrado obispo de Lucon tras renunciar su hermano a dicha jerarquía católica. Después, fue ministro de Luis XIII y buscó minimizar la privilegiada situación de los hugonotes, a quienes consideraba como un Estado dentro del reino. También se empeñó en disminuir el poderío de los nobles, para lo cual creó las Intendencias, que entregó a los burgueses adictos al absolutismo monárquico.

10. *Colbert*: Juan Bautista Colbert, ministro de Luis XIV, combatió la corrupción administrativa y favoreció el mercantilismo con el propósito de auspiciar el desarrollo manufacturero y comercial de Francia. Su influencia disminuyó al oponerse a los ilimitados dispendios de la Corte, que exigía mayores impuestos para mantener su desenfrenado estilo de vida.

11. *Edicto de Nantes*: Promulgado en 1598 por Enrique IV, rey de Francia, fue revocado por Luis XIV en 1685. Entonces, la amenaza de una renovada represión provocó la emigración de cincuenta mil familias, temerosas de que pudiera repetirse una matanza como la ocurrida la Noche de San Bartolomé —23-24 de agosto de 1572—, en la cual se produjeron incontables asesinatos de hugonotes.

12. *Paz de Ryswick*: En 1697, en este barrio de la ciudad holandesa de La Haya, se firmó la paz entre Inglaterra, España, Alemania, Holanda y Francia; la guerra había sido originada por las ambiciones expansionistas de Luis XIV, lo que engendró en contra suya una amplia coalición europea.

Capítulo 3. Crisis del colonialismo en América

1. *Guerra de Sucesión Española*: La dinastía o Casa Real de los Austria había sido entronizada por Carlos I de España y V de Alemania, hijo de Felipe de Habsburgo. Su linaje continuó en el Trono de Madrid hasta Carlos II, *El Hechizado*, quien murió sin descendencia. Este rey español, a pesar de sus múltiples guerras con Luis XIV de Francia, desposó a la estéril sobrina de este, y al morir dejó por heredero a Felipe de Anjou, nieto de su hermana María Teresa con el mencionado Luis XIV. Esto provocó la Guerra de Sucesión Española, en la cual el otro pretendiente era el archiduque Carlos de Austria.

2. *Boleadoras*: Instrumento de cazar que se compone de dos o tres bolas de piedra, forradas de cuero y sujetas fuertemente a sendas guascas o ramales de cuerda, empleado para atrapar animales.

3. *Mantuano*: En Venezuela, persona noble o de alcurnia, considerado que pertenece a la «raza blanca» y ha recibido autorización para usar una especie de capa o manto.

4. *Despotismo Ilustrado*: Corriente política favorable al resurgimiento del absolutismo monárquico, mediante alguna vinculación con la cada vez más influyente burguesía.

5. *Iluminismo*: El Iluminismo o doctrina de la Ilustración, fue un movimiento filosófico y cultural del siglo XVIII inspirado por la ascendente burguesía europea. Sus integrantes, en general, sentían haberse emancipado de todos los prejuicios tradicionales y de toda tutela dogmática; pensaban inaugurar una época nueva en la sociedad y creían que, a partir de entonces, esta podría forjar conscientemente su porvenir. Era una concepción optimista del mundo y del ser humano, basada en el poder de la razón, aunque se diferenciaba del racionalismo de la centuria precedente por su orientación antropológica y práctica, es decir, utilitaria. La Ilustración, por lo tanto, fue contraria a toda especulación metafísica y preconizó el método empírico, así como el estudio científico de la naturaleza, con el propósito de reconocerla, dominarla y ponerla al servicio de las personas. A partir de esos criterios, la Ilustración trató de transformarlo todo: el Estado, las relaciones sociales, la educación, la economía. Sin embargo, el dominio feudal de las instituciones estatales así como el racionalismo seco y árido de la Ilustración, que ignoraba la fantasía, el sentimiento y lo irracional en la conducta y la creación humanas, provocaron su metamorfosis, que —en definitiva— condujo al liberalismo.

6. *Sociedad Económica de Amigos del País*: La Ilustración sufrió cambios en cada país y prácticamente en ninguno tuvo peculiaridades idénticas a las de otro. Así fue en el caso de España, que debido a su relativo retraso con respecto a Inglaterra y Francia, los *ilustrados* trataron de conciliar y reunir en un todo más o menos orgánico las tradiciones del mercantilismo, la fisiocracia y el liberalismo económico; ellos eran mercantilistas con respecto a las colonias, pues con las mismas trataban de mantener una balanza comercial favorable y excluirlas del comercio internacional. Pero esgrimían los criterios de los fisiócratas, quienes decían que los fenómenos de la sociedad estaban regidos por las mismas leyes de la naturaleza y del universo. Defendían, por lo tanto, un «orden natural» de competencia irrestricta a partir de la gran propiedad agraria burguesa. Aunque se apartaban de los postulados de la libertad de comercio, en el resto de los asuntos eran por completo proclives al criterio de que el mundo marchaba por sí solo; no había más que *laissez faire, laissez passer*, «dejar hacer, dejar pasar», debido a lo cual el Estado exclusivamente serviría para proteger las vidas y las propiedades, sin inmiscuirse en las cuestiones sociales.

    El liberalismo económico, además, convenció a los ilustrados españoles de que el individuo debía ser agente del movimiento económico, sin intervención gubernamental o de patronato alguno. Entendían que el interés social no era más que la suma de los individuales, los cuales deberían alcanzar sus objetivos mediante la libre competencia. Esos criterios y el proceso de Reformas Borbónicas incidieron en el surgimiento de las Sociedades Económicas de Amigos del País, que fueron a la vez reflejo e instrumento de la Ilustración. Pero en Hispanoamérica, a pesar de que dichas influyentes asociaciones se asemejaron en muchos aspectos a sus homólogas de la metrópoli, se diferenciaron en lo concerniente al comercio, cuya libertad defendían. También, por lo general, respaldaban el librecambio, comercio con bajas tarifas o aranceles, lo cual implicaba relegar los intereses de artesanos y demás productores para el mercado interno; esto significaba aceptar la especialización internacional de las producciones, que Inglaterra impulsaba según sus conveniencias.

7. *Carioca*: En Brasil se designa como «carioca» al nacido en Río de Janeiro.

8. *Guerra de las Dos Rosas*: La expulsión de los ingleses de Francia en 1453 puso fin a la Guerra de los Cien Años. Pero casi de inmediato estalló la lucha dinástica entre las Casas de York y la de Lancaster. Esta usaba como distintivo una rosa roja, mientras que aquella la empleaba blanca. Dicha guerra civil duró treinta años (1455-1485) y fue extremadamente cruel. Pero el odio entre contendientes fortaleció las dudosas pretensiones de Enrique Tudor, conde de Richmond y descendiente por su madre de una rama de la línea Lancaster, considerada entonces bastarda.

   Desterrado de Inglaterra, Enrique Tudor desembarcó en 1485 por Milford Hervor y venció en la batalla de Bosworth, tras lo cual el Parlamento lo confirmó en la Corona. Luego, con el propósito de aplacar a sus opositores, el ya rey Enrique VII se casó con Isabel, hija de Eduardo, duque de York, última superviviente de la referida Casa. El hijo de ambos fue coronado en 1509 como Enrique VIII de Inglaterra.

9. *Tomás Moro*: Nacido en 1478, llegó a presidir la Cámara de los Comunes y después fue nombrado canciller por Enrique VIII en 1529. Fue decapitado en 1535 por negarse a reconocer al rey como cabeza de la Iglesia en Inglaterra. Poco antes de morir escribió *Utopía*, en la que describe los males de la sociedad que conoció, cuyo principal negocio entonces era la producción de lana. En dicha célebre obra, aparece la muy elocuente frase: «las ovejas han devorado a los hombres», que reflejaba la triste realidad de los campesinos, a quienes se les expulsaba de sus tierras para cercarlas y criar en ellas esos útiles animalitos.

   En *Utopía*, Moro contrasta la pobreza de la mayoría con el desmedido lujo de unos pocos y propone como solución a ese problema un Estado ideal; en este, la propiedad sería común y el bien de todos se sobrepondría por encima del individual. Por ello, se le considera el primero en esbozar una sociedad socialista, aunque su estudio adoleciera de un enfoque utópico; como se sabe, el análisis científico de la sociedad fue realizado con posterioridad por Carlos Marx.

Índice onomástico

A

Acana, Pedro de 109
Adams, Samuel 207
Aguirre, Francisco de 88
Alfinger 74, 76, 77
Almagro 83, 85, 87
Almagro, Diego 83, 214
Almagro el Mozo 214
Alonso de Hinojosa, Pedro 105
Alvarado, Pedro de 68, 70, 81
Alvarenga Feixoto, Ignacio José de 196
Ampués, Juan de 74
Ana de Austria 214
Andogoya, Pascual de 82
Aníbal I 156
Antequera Castro, José de 170
Apaza, Julián 182
Apaza, Julián, *Túpac Katari* 182
Arcos, Diego de 109
Arias de Ávila, Pedro, *Pedrarias Dávila* 80, 81, 82, 83, 105, 107, 108
Arnold, Benedict 208
Arrunda Camara, Manuel 197
Atahualpa 47, 48, 84, 85, 86, 213, 214
Autachi 40
Ávalos Mendoza, José de 170

B

Balboa, Silvestre de 123
Bastidas, Rodrigo de 74
Beckman, Manuel, *O Bequimao* 191, 192
Bellido, Alonso de 109
Belzares 75, 78
Berbeo, Juan Francisco de 185
Blanco, Amador 192

Blawedlt, Abraham 148
Bobadilla, Francisco de 62
Bolena, Ana 200, 201
Braganza, duque de 51

C

Cabotto, Giovanni 199
Cabrera, Alonso 156
Cacha 44, 47
Calicuchima 48
Calvino 200, 214
Caran 40
Carlisle, conde de 144
Carlos de Austria 216
Carlos I de España 98, 200, 216
Carlos I Estuardo 142, 203
Carlos II 143
Carlos II, *El Hechizado* 216
Carlos II Estuardo 204
Carlos III 162
Carlos V 75
Carlos V de Alemania 214
Carvajal, Francisco de, *El Brujo de los Andes* 106, 107
Castellón, Jácome 74
Castilla, Sebastián de 109
Castillo, Pedro del 89
Catalina 199, 200
Caupolicán 88
Champlain, Samuel 205
Chimichatecha 77
Clemente VII 200
Colbert 149, 150, 216
Colón, Cristóbal 50, 54, 55, 56, 57, 58, 59, 60, 61, 62, 64, 65, 66, 73, 79
Colón, Diego 61

Condorcanqui, Diego Cristóbal,
Túpac Amaru 182, 183
Condorcanqui, José Gabriel, Túpac
Amaru 180
Contreras, Hernando de 107, 108, 112
Contreras, Rodrigo de 81, 107
Cortés, Hernán 66, 67, 68, 69, 70, 81,
82, 83, 96, 100, 105, 111, 112, 124
Cortés, Martín, segundo marqués del
Valle de Oaxaca 112
Costa, Claudio Manuel da 196
Courteen, William 144
Coutinho, Azaredo 197
Cromwell, Oliverio 141
Cuautemoc 68
Cudjo 147
Cuffy 147
Curtido, Fernando 172, 174

D
Dantas, Lucas 197
David, Edgard 148
Deus Nascimento, Joao de 197
Dias, Henrique 131
Díaz de Solís, Juan 66
Di Negro 54
Domínguez de Ovelar, Cristóbal 170
Doria 54
Drake, Francis 202
Duarte, José 173
Duchicela 40

E
Eduardo, duque de York 218
Eduardo VI Tudor 201
Ehinger, Ambrosio 76
Ehinger, Enrique 76
El Brujo de los Andes (ver Carvajal,
Francisco de) 106
Enrique IV 149, 205, 215, 216
Enrique Tudor, conde de Richmond
218
Enrique VII Tudor 199
Enrique VIII 200, 218

Enriquillo 116
Epiclachima 44, 48
Espinosa, Gaspar de 80
Esquivel, Pedro 173

F
Federman, Nicolás von 76, 77, 78
Felipe de Anjou 216
Felipe I 128
Felipe II 111, 121, 127, 139, 201, 214,
215
Felipe III 122
Felipe V 159, 160, 172, 173
Fernández de Enciso, Martín 79, 213
Fernando el Católico 52
Francisco I de Francia 214
Fugger 74

G
Galán, José Antonio 185, 186, 187
Gama, Vasco de 51
Garay, Juan de 156
Garay, Miguel de 172, 174
García Pumacahua, Mateo 182
Gasca, Pedro de la 107
Gonzaga das Virgens, Luis 197
Gonzaga, Tomás Antonio 196
González, Gil 80, 81
Gracchus Babeuf 197
Guaicaipuro 79
Gulon, Alexander 210

H
Habsburgo, Carlos de 74, 214
Habsburgo, Felipe de 216
Hawkins, John 121, 201
Henry, Patrick 207
Hernández de Córdoba, Francisco
80, 81
Hernández Girón, Francisco 109
Huálcopo 40, 41
Huallara 47, 48
Huáscar 47, 48, 84, 85, 86
Huayna Cápac 47, 48
Huaypar Titu Yupanqui 47

I

Inca Garcilaso 180
Isabel de Portugal 214
Isabel de Valois 214
Isabel la Católica 52
Isabel Tudor 201
Ixtlilxochitl 35, 68

J

Jacobo I Estuardo 140
Jacobo IV Estuardo 199
Jacobo V 201
Jacobo VI de Escocia y I de Inglaterra 202
Jefferson, Thomas 209
Jenkins 161
Jiménez de Quesada, Gonzalo 77, 86
Jimeno, Martín 109
José I 195
Juan Alemán (ver Seissen Hoffer, Hans) 77
Juan II 50, 51
Jufré, Juan 89
Julio II 200

K

Karati, Nicolás 180
Katari, Dámaso 180
Katari, Tomás 180, 181, 182
Kukulkán 23

L

Lautaro 88
León, Juan Francisco 161
Llanas, Román de las 170, 171, 172
Llerena, Pedro 109
Locke, John 144, 209
Losada, Diego de 79
Loyola, Ignacio de 215
Lozano de Peralta y Varáez Maldonado de Mendoza y Olallá, Jorge Miguel, marqués de San Jorge, octavo heredero del Mayorazgo de la Dehesa de Bogotá 183

Luis XIII 149, 216
Luis XIV 155, 216
Luque, Hernando de 82
Lutero 214

M

Manco Cápac 86, 87
Manuel I 51
Margarita 60, 63, 199
María de Portugal 214
María Estuardo Tudor 201, 202, 214
Mariana, Juan de 171
María Teresa 216
Martín de Alcántara, Francisco 214
Martínez, Bernardino 172, 174, 175
Martínez de Irala, Domingo 156
Marx, Carlos 215, 218
Maurite, Johan, conde de Nassau-Siegen 130
Melchor 73
Mena Ortiz Velasco, Juan de 170
Mendoza, Francisco 88
Mendoza, Hurtado de, marqués de Cañete 109
Mendoza, Pedro de 156
Michimalonco 88
Miranda, Francisco de 210
Moctezuma 34, 35, 67, 68, 69
Mompó Zayas, Fernando de 171, 172
Montejo 71, 72
Montoso, Hernando de 123
Morgan, Henry 145, 215
Moro, Tomás 200
Moyano Benalcázar, Sebastián 83, 85, 86, 105, 106

N

Napoleón 197
Nariño, Antonio 188
Narváez, Pánfilo de 67
Netzahualcoyotl 31
Netzahualpilli 31, 35
Nicaragua o Nicarao 79, 80, 81, 83, 107, 108, 147, 148

Núñez de Balboa, Vasco 79
Núñez del Prado, Juan 88
Núñez de Vela, Blasco 105

O
O Bequimao (ver Beckman, Manuel) 191, 192
Ojeda, Alonso de 73
Oldman 148, 156
Olid, Cristóbal de 81, 105
Oropesa, conde de 86
Oropesa, Pedro José de 182
Oyón, Álvaro 109

P
Pachacuti o Pachacútec 39, 41, 42
Paine, Thomas 208
Pata de Palo (ver Pieterszoon Heyn, Peter) 130
Pedrarias Dávila (ver Arias de Ávila, Pedro) 80, 81, 82, 83, 105, 107, 108
Pieter Heyn (ver Pieterszoon Heyn, Peter) 130
Pieterszoon Heyn, Peter, Pieter Heyn o *Pata de Palo* 130
Pillahuazo 42, 44
Pinelo 54
Pinzón, hermanos 54
Pizarro, Francisco 48, 82, 83, 84, 85, 87, 88, 96, 100, 105, 106, 107, 108, 213, 214
Pizarro, Gonzalo 88, 105
Pizarro, Hernando 87
Pizarro, Juan 87
Pombal, marqués de 195
Pontiac 206
Portocarrero, Alonso 71
Puelles, Pedro de 105, 106, 107

Q
Quetzalcóatl 22

R
Raleigh, Walter 202
Reyes Balmaseda, Diego de los 170

Richelieu, duque de, Armando Juan Du Plessis 149, 216
Ríos, Pedro de los 83
Rogers, Woodes 155
Rojas, Diego 71, 88
Ruiz de Andrade, Bartolomé 82
Ruiz de Orellano, Antonio 170, 172, 173
Rumiñahui 48, 84, 85, 86
Ruyloba, Manuel Agustín de 172, 173

S
Saavedra, Ramón 173
Sailler, Jerónimo 76
Salazar Espinosa, Juan de 156
Salazar, Rodrigo de 107
Salvador, Vicente de 133
Sampaio, Jorge de 192
Santa Cruz y Espejo, Francisco Eugenio de 188, 189
Santa Cruz y Espejo, Juan Pablo de 189
Santos, Felipe dos 193
Santos Atahualpa, Juan 179
Santos Lira, Manuel Faustino dos 197
Seissen Hoffer, Hans, *Juan Alemán* 77
Selva Alegre, marqués de 189
Silva Xavier, Joaquim José da, *Tiradentes* 196
Smith, Adam 215
Smith, John 202
Spira, Hobermuth de 77
Suárez, Francisco 171

T
Tecún Umán 70
Tenochtitlán 28, 29, 30, 32, 35, 67, 68, 71
Tiradentes (ver Silva Xavier, Joaquim José da) 196
Tisquesusa 78
Titu Cussi Yupanqui 86, 214
Tlacopán 29, 30, 35, 68
Topiltzin Axitl 24

Túpac Amaru 87, 180, 181, 183
Túpac Amaru II 182
Túpac Katari 182
Túpac Yupanqui 42, 43, 45
Tutul Xiú 73

V
Valdivia, Pedro de 87
Valdivieso 108
Velázquez, Diego 66, 67, 81, 105
Vidal de Negreiros, André 131
Vieira de Mello, Bernardo 194
Vilcabamba, último Inca de 180
Villarroel, Juan de 88
Viracocha 38, 39, 43, 180

W
Washington, George 206, 208
Welser 74, 75, 76, 77, 78, 79

Z
Zagesa 78
Zea, Francisco Antonio 188
Zwinglio 214

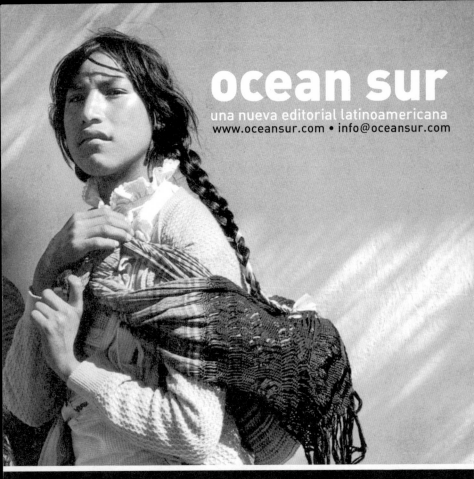

ocean sur

una nueva editorial latinoamericana
www.oceansur.com • info@oceansur.com

Ocean Sur es una casa editorial latinoamericana que ofrece a sus lectores las voces del pensamiento revolucionario de América Latina de todos los tiempos. Inspirada en la diversidad étnica, cultural y de género, las luchas por la soberanía nacional y el espíritu antiimperialista, ha desarrollado durante cinco años múltiples líneas editoriales que divulgan las reivindicaciones y los proyectos de transformación social de Nuestra América.

Nuestro catálogo de publicaciones abarca textos sobre la teoría política y filosófica de la izquierda, la historia de nuestros pueblos, la trayectoria de los movimientos sociales y la coyuntura política internacional.

El público lector puede acceder a un amplio repertorio de libros y folletos que forman parte de colecciones como el Proyecto Editorial Che Guevara, Fidel Castro, Revolución Cubana, Contexto Latinoamericano, Biblioteca Marxista, Vidas Rebeldes, Historias desde abajo, Roque Dalton, Voces del Sur, La otra historia de América Latina y Pensamiento Socialista, que promueven el debate de ideas como paradigma emancipador de la humanidad.

Ocean Sur es un lugar de encuentros.

7